2003
中国旅游财务信息年鉴

2003
THE YEARBOOK OF CHINA TOURISM FINANCIAL

中华人民共和国国家旅游局

NATIONAL TOURISM ADMINISTRATION
OF THE PEOPLE'S REPUBLIC OF CHINA

中国旅游财务信息年鉴编辑委员会名单

前　　言

《2003 中国旅游财务信息年鉴》是一本全面反映中国旅游企业财务状况、经营成果和社会贡献情况的资料性年刊，内容分为：2002 年度中国旅游业财务信息、各类旅游企业经济效益评价主要财务指标表两个部分的财务资料。年鉴的出版对于完善旅游产业的表征体系，推动旅游业更快更好地发展、推进旅游行业管理工作向广度和深度进军将起到积极的作用。

经过改革开放 20 多年来的不断开拓奋进，中国旅游业已经形成了大旅游、大市场、大产业的发展格局。 2003 年的旅游业总收入已达到 5566 亿元，旅游业已经成为国民经济新的增长点和许多地方的支柱产业。2003 年党的十六大胜利召开，给我国旅游业带来了新的机遇；全国旅游行业抗击“非典”取得的重大胜利，也为我国旅游业复苏后的全面发展带来了新的契机；温家宝总理在世界旅游组织第 15 届全体大会开幕式上做的“旅游产业规模持续扩大，旅游经济地位显著提升。中国政府高度重视旅游工作，旅游业持续快速发展，已经成为一个富有蓬勃活力和巨大潜力的新兴产业。我们要把旅游业培育成为中国国民经济的重要产业，合理保护和利用旅游资源，努力实现旅游业的可持续发展”重要讲话，为中国旅游业的发展指明了方向。在此时编印并出版《2003 中国旅游财务信息年鉴》更具有时代的意义。

2003 年是国家旅游局建立旅游行业经济效益指标评价体系的第二年；汇总这一年有关财务信息的《2003 中国旅游财务信息年鉴》难

免还有需要不断完善和改进之处，欢迎广大读者批评指正。

《中国旅游财务信息年鉴》编辑委员会

二〇〇三年十二月十六日

目　　录

2002年度中国旅游业财务信息

反映2002年度全国旅游企业财务状况、经营成果的旅游行业经济效益评价结果公布如下：

一、基本概况

纳入2002年度全国旅游行业财务信息范围（以下简称“信息范围”）的旅游企业共有14828户，比上年度纳入信息范围的企业增长68.8%，其中旅行社7598户，比上年度增长65.7%，饭店5980户，比上年度增长75.9%，旅游集团29户，比上年度增长52.6%，旅游区点942户，比上年度增长66.4%，其他旅游企业279户，比上年度增长29.8%（见图1）。

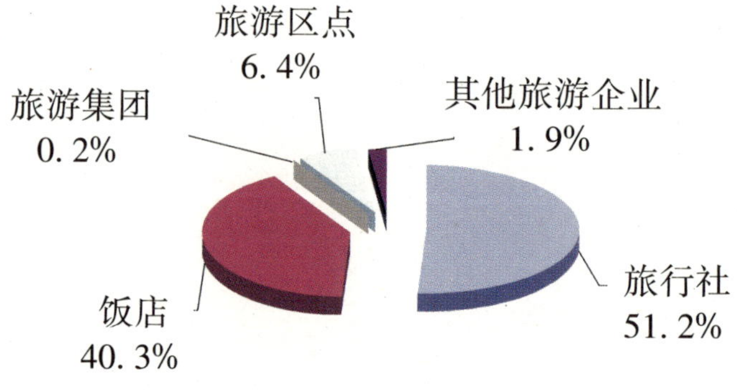

图1

——按经济类型划分，国有及国有控股企业 7189 户，占纳入信息范围的 48.5%，其中旅游集团和旅游区点国有率最高，分别为 89.7% 和 68.8%；集体企业 2451 户，占纳入信息范围的 16.5%；联营企业 550 户，占纳入信息范围的 3.7%；私营企业 3891 户，占纳入信息范围的 26.2%，其中旅行社私营比例最高，为 37.3%；外商及港澳台投资企业 747 户，占纳入信息范围的 5%（见图 2）。

——按盈亏类型划分，赢利企业共有 6937 户，占纳入信息范围的 46.8%；亏损企业 7891 户，占纳入信息范围的 53.2%（见图 3）。

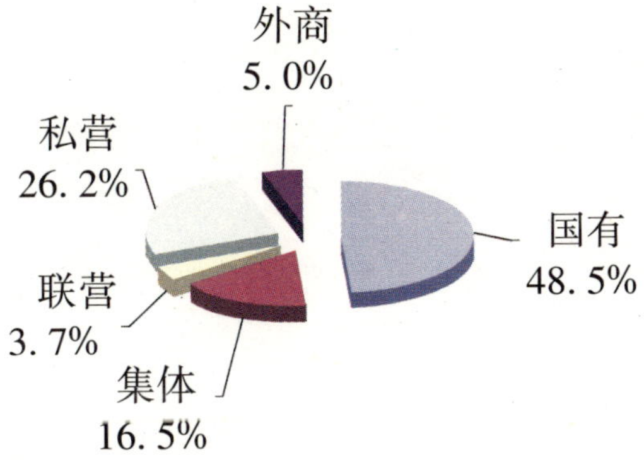

图 2

图 3

——按组织形式划分，有限责任公司 6923 户，占纳入信息范围的 46.7%；独资公司 3824 户，占纳入信息范围的 25.8%；股份有限公司 363 户（其中上市股份有限公司 10 户），占纳入信息范围的 2.4%；三资企业（外商独资、中外合资和中外合营企业）1310 户，占纳入信息范围的 8.8%；合伙企业 285 户，占纳入信息范围的 1.9%；事业单位 2123 户（多为饭店和旅游区点），占纳入信息范围的 14.3%。见图 4。

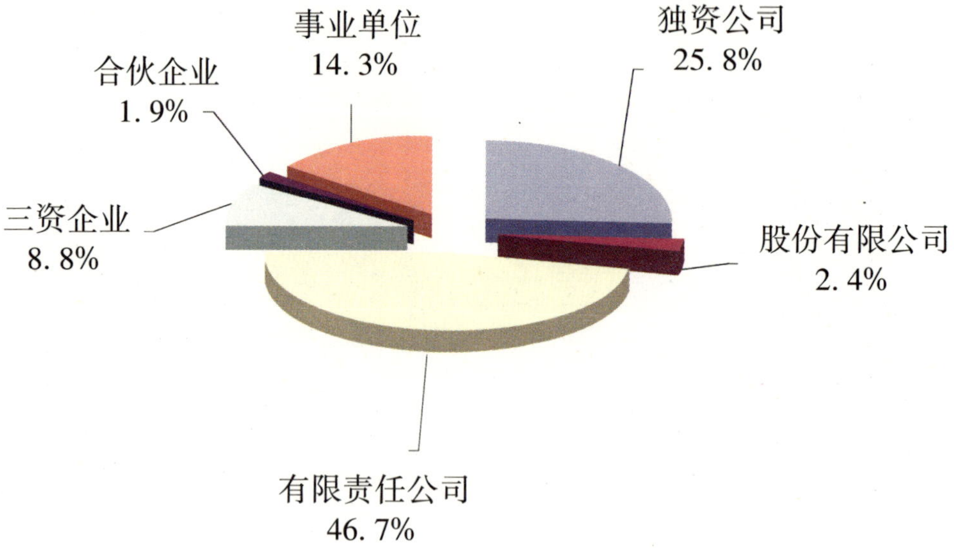

图 4

——按企业划分，旅行社中国际旅行社 1106 户（覆盖率 82%），国内旅行社 6492 户（覆盖率 63.6%）；饭店中五星级饭店 155 户（覆盖率 88.6%），四星级饭店 530 户（覆盖率 83.5%），三星级饭店 2033 户（覆盖率 71.4%），二星级饭店 2370 户（覆盖率 53.7%），一星级饭店 311 户（覆盖率 38.4%），未评星级饭店 581 户；旅游区点中自然类区点 596 户，文物类区点 184 户，主题类区点 162 户，已评 4A 级景区 197 户（覆盖率 54.7%），已评 3A 级景区 94 户（覆盖率 56.3%），已评 2A 级景区 196 户（覆盖率 42.4%），已评 1A 级景区 20 户（覆盖率 27.4%），未评 A 级景区 435 户。

——按各省纳入信息范围企业户数（超过 500 户）排序依次为浙江（1212）、山东（1043）、广东（899）、江苏（796）、云南（755）、河南（723）、湖北（712）、辽宁（652）、福建（628）、上海（610）、广西（564）、北京（536）、安徽（530）、河北（500），见图 5。

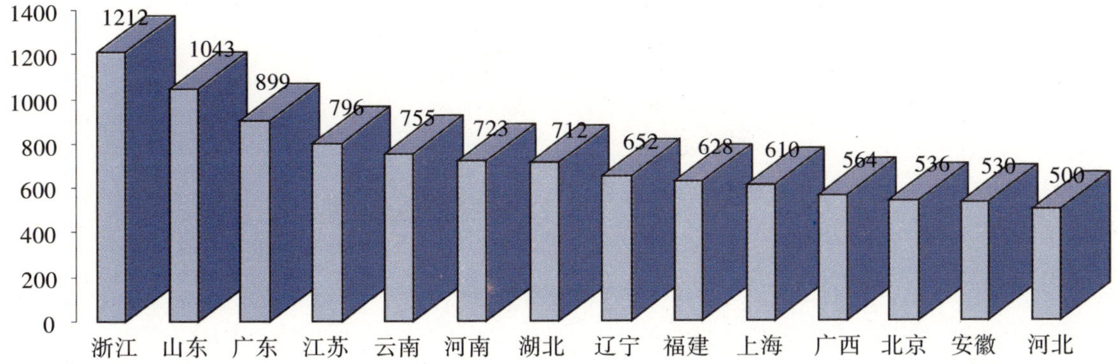

图 5

二、财务状况

(一)资产情况

截至 2002 年 12 月 31 日，纳入信息范围的旅游企业资产总额 3851.9 亿元,同比增加 258.5 亿元,增长 7.2%。其中:旅游区点、旅行社继续保持 10% 以上的增长幅度,分别为 21.5% 和 11.6%。资产总额中:

——流动资产 887.3 亿元，占资产总额的 23%，同比增长 10.8%。

——长期投资 148.6 亿元，占资产总额的 3.9%，同比增长 11.9%。

——固定资产 2465.3 亿元，占资产总额的 64%，同比增长 5.7%。

——其他资产 350.7 亿元，占资产总额的 9.1%，同比增长 7.4%。

（二）负债情况

截至 2002 年 12 月 31 日，纳入信息范围的旅游企业负债总额 2338.3 亿元，同比增加 151.4 亿元，增长 6.9%。其中：旅游集团负债增长幅度低于资产增长幅度，为 2.6%，2001 年度旅游集团负债为负增长。负债总额中：

——流动负债 1535.4 亿元，占负债总额的 65.7%，同比增长 10%。

——长期负债 802.9 亿元，占负债总额的 34.3%，同比增长 1.5%。

（三）所有者权益情况

截至 2002 年 12 月 31 日，纳入信息范围的旅游企业所有者权益总额 1513.6 亿元，同比增加 136.4 亿元，增长 11%。其中：旅游区点、旅行社、旅游集团增长幅度超过 10%，分别为 20.3%、14.6% 和 12.6%。所有者权益总额中：

——实收资本 1464.5，占所有者权益总额的 96.8%，同比增长 12.3%。

——资本公积 457.7 亿元，占所有者权益总额的 30.2%，同比增长 10.3%。

——盈余公积 110.2 亿元，占所有者权益总额的 7.3%，同比增长 3.6%。

——未分配利润 -518.8 亿元，占所有者权益总额的 -34.3%，同比降低 12.7%。

三、经营情况

（一）收入情况

2002 年度纳入信息范围的旅游企业主营业务收入总额 1580. 7 亿元，同比增加 231. 3 亿元，增长 17. 1% 。

（二）成本费用情况

2002 年度纳入信息范围的旅游企业成本费用总额 1550. 5 亿元，同比增加 205. 4 亿元，增长 15. 3% ，低于收入的增长幅度。

（三）利润情况

——2002 年度纳入信息范围的旅游企业主营业务利润 466. 8 亿元，同比增加 63. 1 亿元，增长 15. 6% 。

——2002 年度纳入信息范围的旅游企业利润总额 -18. 1 亿元，与 2001 年同期相比扭亏 23 亿元。

四、社会贡献情况

——2002 年度纳入信息范围的旅游企业共创造增加值（为劳动者报酬、生产税净额、固定资产折旧和营业盈余四个部分之和）357. 2 亿元，同比增加 33. 2 亿元，增长 10. 3% 。其中：饭店创造增加值最多，达到 255. 5 亿元，其次是旅游区点（31. 3 亿元）、旅行社（28. 9 亿元）、旅游集团（27. 3 亿元）和其他旅游企业（14. 2 亿元）。见图 6、图 8。

——2002 年度纳入信息范围的旅游企业共上缴国家各类税金 76. 7 亿元，同比增加 5. 8 亿元，增长 8. 2% 。上缴税金按数额大小排列依次为饭店（59. 4 亿元）、旅行社（6 亿元）、旅游区点（5 亿元）、旅游集

团(4.6 亿元)和其他旅游企业(1.7 亿元)。见图 7、图 8。

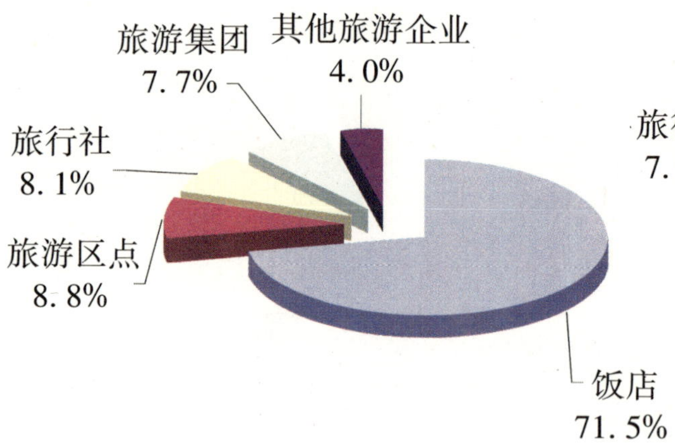

图 6

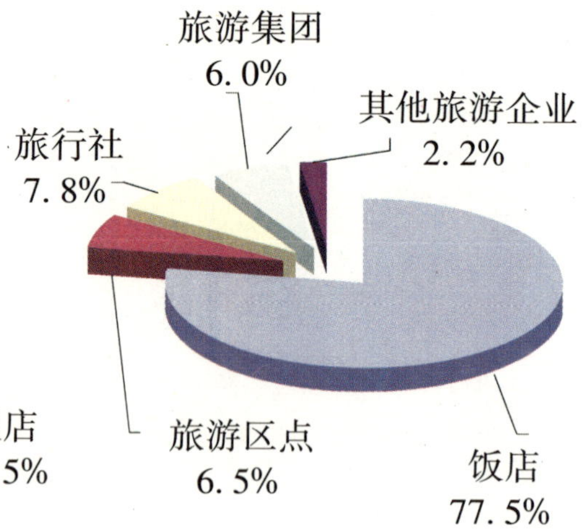

图 7

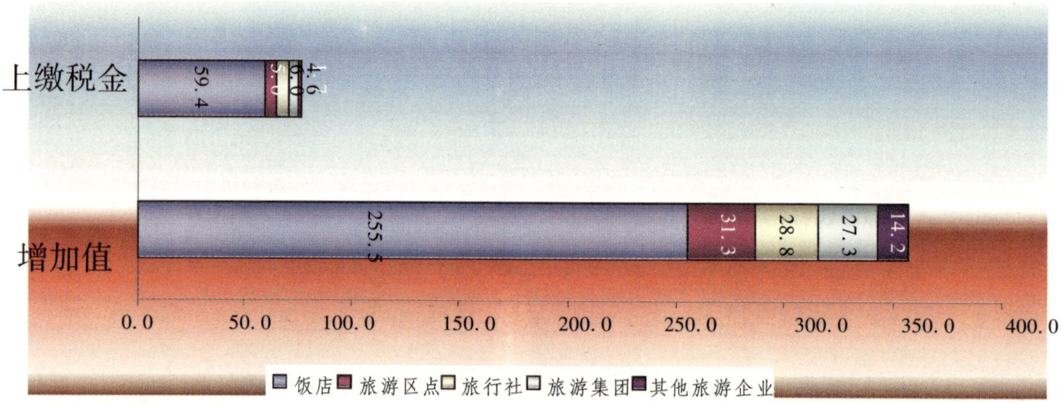

图 8

五、主要经济效益情况

(一)财务效益状况主要指标

1. 净资产收益率

净资产收益率是指企业一定时期内的净利润同平均净资产的比

率。净资产收益率充分体现了投资者投入企业的自有资本获取净收益的能力，突出反映了投资与报酬的关系，是评价企业资本经营效益的核心指标。

2002年度全国旅游企业平均净资产收益率为-2.4%，同比增长33.3%，其中：

——旅行社平均净资产收益率为1.8%，同比增长119.5%，国际旅行社平均净资产收益率为2.4%，国内旅行社为0.02%，湖北、重庆和上海3省市旅行社平均净资产收益率高于10%，另有8个省市旅行社平均净资产收益率大于0。

——饭店平均净资产收益率为-4.8%，同比增长27.1%，除五星级饭店平均净资产收益率为4%外，其余星级饭店平均净资产收益率均为负数。天津、北京、上海和湖南4省市饭店平均净资产收益率大于0。

——旅游集团平均净资产收益率为2.2%，同比增长9%，净资产收益率高于全国平均值的省份有陕西、安徽、吉林、上海和浙江。

——旅游区点平均净资产收益率为3.5%，同比增长155.5%，文物类旅游区点和主题类旅游区点平均净资产收益率高于全国平均值，新疆、宁夏、重庆、福建、上海、河南和陕西7省市旅游区点平均净资产收益率高于10%，另有15个省市旅游区点平均净资产收益率大于0。

——其他旅游企业平均净资产收益率为-0.2%，同比增长73%，湖南、海南、广西、上海、北京、四川和河南7省市其他旅游企业平均净资产收益率大于0。

2. 总资产报酬率

总资产报酬率是指企业一定时期内获得的报酬总额与平均资产

总额的比率。总资产报酬率表示企业包括净资产和负债在内的全部资产的总体获利能力,是评价企业资产运营效益的重要指标。

2002 年度全国旅游企业平均总资产报酬率为 0.8%，同比下降 21.2%,其中:

——旅行社平均总资产报酬率为 2.3%，同比下降 22%，国际旅行社平均总资产报酬率高于国内旅行社，全国有 21 个省市旅行社平均总资产报酬率大于 0。

——饭店平均总资产报酬率为 0.04%,同比下降 63.6%,除五星级饭店和四星级饭店平均总资产报酬率大于 0 外，其余星级饭店平均总资产报酬率均为负数,北京、上海、天津、湖南、浙江、广东和山西 7 省市饭店平均总资产报酬率大于 0。

——旅游集团平均总资产报酬率为 3%,同比下降 9%,平均总资产报酬率高于全国平均值的省份有吉林、安徽、辽宁、陕西和上海。

——旅游区点平均总资产报酬率为 3.4%,同比增长 3.7%,文物类旅游区点和主题类旅游区点平均总资产报酬率高于全国平均值。

——其他旅游企业平均总资产报酬率为 1.6%，同比下降 20.8%,全国优秀值为 5.84%,全国有 16 个省市其他旅游企业平均总资产报酬率大于 0。

3. 主营业务收入利润率

主营业务收入利润率是指企业一定时期主营业务利润同主营业务收入净额的比率。它表明企业每单位销售(营业)收入能带来多少销售(营业)利润,反映了企业主营业务的获利能力,是评价企业经营效益的主要指标。

2002 年度全国旅游企业平均主营业务收入利润率为 29.7%，同

比增长 13.2%，其中：

——旅行社平均主营业务收入利润率为 6.1%，与上年持平，国际旅行社平均主营业务收入利润率高于国内旅行社，全国有 15 个省市旅行社平均主营业务收入利润率高于全国平均值。

——饭店平均主营业务收入利润率为 44.1%，同比增长 7.6%，高星级饭店平均主营业务收入利润率高于低星级饭店，海南、北京、上海、重庆、广东、湖南、辽宁、天津和吉林 9 个省市饭店平均主营业务收入利润率高于全国平均值。

——旅游集团平均主营业务收入利润率为 30.9%，同比增长 15.7%，安徽、山东、江西、贵州、湖南、辽宁、上海和河北 8 个省市旅游集团平均主营业务收入利润率高于全国平均值。

——旅游区点平均主营业务收入利润率为 51%，同比增长 2.7%，自然类旅游区点平均主营业务收入利润率高于文物类和主题类旅游区点，海南、江西、北京、广西、福建、宁夏、云南、重庆、天津和甘肃 10 个省市旅游区点平均主营业务收入利润率高于全国平均值。

——其他旅游企业平均主营业务收入利润率为 27.5%，同比增长 100%，广东、北京、湖南、海南、吉林、四川、云南、辽宁、西藏和重庆 10 个省市其他旅游企业平均主营业务收入利润率高于全国平均值。

4. 成本费用利润率

成本费用利润率是企业一定时期的利润总额同企业成本费用总额的比率。成本费用利润率表示企业为取得利润而付出的代价，从企业支出方面补充评价企业的收益能力。

2002 年度全国旅游企业平均成本费用利润率为 -1.2%，其中：

——旅行社平均成本费用利润率为 0.9%，国际旅行社平均成本

费用利润率高于国内旅行社，全国有19个省市旅行社平均成本费用利润率大于0。

——饭店平均成本费用利润率为-4.7%，除五星级饭店平均成本费用利润率大于0外，其余星级饭店平均成本费用利润率均为负数,天津、北京、上海和湖南4省市饭店平均成本费用利润率大于0。

——旅游集团平均成本费用利润率为6.9%,辽宁、安徽、江西、上海、陕西和浙江6省市旅游集团平均成本费用利润率高于全国平均值。

——旅游区点平均成本费用利润率为13.1%,文物类旅游区点和主题类旅游区点平均成本费用利润率高于自然类旅游区点,全国有25个省市旅游区点平均成本费用利润率大于0。

——其他旅游企业平均成本费用利润率为1.8%,湖南、海南、广西、北京、四川、上海和浙江7省市其他旅游企业平均成本费用利润率高于全国平均值。

以上各财务效益状况指标综合反映出2002年度各类旅游企业经营情况要优于上年度，各财务效益指标均实现了不同程度的增长，其中旅游区点、旅游集团和旅行社赢利能力强于饭店和其他旅游企业。按不同类型企业分析：

旅行社中国际旅行社各类财务效益状况指标高于国内旅行社，说明国际旅行社赢利能力强，一方面得益于国际旅行社较高的主营业务利润,另一方面得益于成本费用的控制。北京、上海、重庆、湖北、黑龙江、陕西等省市旅行社财务效益状况较好。

饭店主营业务收入利润率达到44.1%，远高于其他各类企业，但从其他财务效益状况指标反映饭店的赢利能力要低于其他各类企业，

主要原因是饭店主要收入来源于客房收入，而根据现行企业会计制度，饭店没有归集和分配相应的客房成本，这就使得饭店主营业务收入利润率较高。其他财务效益状况指标较低主要是由于部分饭店靠贷款建成，每年要支付大笔利息，加上摊销的大额折旧和较大的成本费用，造成饭店出现了账面亏损。按饭店星级情况分析，高星级饭店财务效益状况优于低星级饭店，尤其是五星级饭店不仅实现了扭亏，而且各项财务效益状况指标优于其他类型企业，未评星级饭店中含有部分准高星级的饭店，效益状况也要优于三星级及以下饭店。北京、上海、浙江、广东、湖南、天津等省市饭店财务效益状况较好，主要是这几个省市高星级饭店较多，赢利能力较强。

旅游集团继续保持良好的赢利势头，财务效益状况良好，发挥了集团资产的整体优势，实现了优势互补，受外界影响较小。安徽、陕西、上海、浙江等省市旅游集团财务效益状况较好，主要得益于上海锦江集团、新亚集团、东湖集团、陕西旅游集团、安徽黄山旅游集团、浙江旅游集团、奉化溪口旅游集团、绍兴文化旅游集团等企业的良好赢利能力。

旅游区点在各类旅游企业中效益最好，各类旅游区点都实现了赢利，和上年度相比，文物类和主题类旅游区点不仅扭亏，还实现了利润的大幅增长，赢利能力超过了自然类旅游区点，自然类旅游区点效益有一定幅度的下滑。上海、江苏、广东、福建、云南、广西、四川、重庆、陕西、河南、新疆、宁夏等 12 个省市旅游区点财务效益状况较好，各项指标均高于全国平均值，这些省市旅游资源丰富、旅游区点较多，区点开发管理都较为合理，赢利能力强。

综合以上情况分析，效益好的旅行社、饭店和旅游集团多集中在

东部沿海及一些发达地区，效益好的旅游区点多集中在旅游资源丰富的旅游大省。

（二）资产营运状况主要指标

1. 总资产周转率

总资产周转率是指企业一定时期主营业务收入净额同平均资产总额的比值。总资产周转率是综合评价企业全部资产经营质量和利用效率的重要指标。

2002 年度全国旅游企业平均总资产周转率为 42.5%，与上年持平，其中：

——旅行社平均总资产周转率为 206.5%，同比增长 18.5%，国内旅行社平均总资产周转率高于国际旅行社。

——饭店平均总资产周转率为 30.1%，同比增长 6.6%，高星级饭店平均总资产周转率高于低星级饭店。

——旅游集团平均总资产周转率为 29.4%，同比下降 32.9%。

——旅游区点平均总资产周转率为 22.1%，同比增长 8.3%，文物类和主题类旅游区点平均总资产周转率高于自然类旅游区点。

——其他旅游企业平均总资产周转率为 35.8%，同比下降 24.2%。

2. 流动资产周转率

流动资产周转率是指企业一定时期主营业务收入净额同平均流动资产总额的比值。流动资产周转率是评价企业资产利用效率的另一主要指标。

2002 年度全国旅游企业平均流动资产周转率为 187.6%，其中：

——旅行社平均流动资产周转率为 379.8%，国内旅行社平均流动资产周转率高于国际旅行社。

——饭店平均流动资产周转率为 161.2%，高星级饭店平均流动资产周转率高于低星级饭店。

——旅游集团平均流动资产周转率为 89.7%。

——旅游区点平均流动资产周转率为 113.4%，主题类旅游区点平均流动资产周转率高于自然类和文物类旅游区点。

——其他旅游企业平均流动资产周转率为 132.2%。

3. 存货周转率

存货周转率是企业一定时期销售成本与平均存货的比率。存货周转率是对流动资产周转率的补充说明。

2002 年度全国旅游企业平均存货周转率为 8.3,其中:

——旅行社存货较少,不评价此项指标。

——饭店平均存货周转率为 4.2 次，高星级饭店平均存货周转率低于低星级饭店。

——旅游集团平均存货周转率为 8.4 次。

——旅游区点平均存货周转率为 5.1 次，自然类旅游区点平均存货周转率低于文物类和主题类旅游区点。

——其他旅游企业平均存货周转率为 5.9 次。

4. 应收账款周转率

应收账款周转率是企业一定时期内销售（营业）收入净额同平均应收账款余额的比率。应收账款周转率是对流动资产周转率的补充说明。

2002 年度全国旅游企业平均应收账款周转率为 8.7 次,其中:

——旅行社平均应收账款周转率为 11 次，国际旅行社平均应收账款周转率低于国内旅行社。

——饭店平均应收账款周转率为 8.3 次，高星级饭店平均应收账款周转率高于低星级饭店。

——旅游集团平均应收账款周转率为 6.8 次。

——旅游区点平均应收账款周转率为 5 次，主题类旅游区点平均应收账款周转率高于文物类和自然类旅游区点。

——其他旅游企业平均应收账款周转率为 7.7 次。

（三）偿债能力状况主要指标

1. 资产负债率

资产负债率是指企业一定时期负债总额同资产总额的比率。资产负债率表示企业总资产中有多少是通过负债筹集的，该指标是评价企业负债水平的综合指标。

2002 年度全国旅游企业平均资产负债率为 60.8%，同比偿债能力提高 2.4%，其中：

——旅行社平均资产负债率为 57.5%，同比偿债能力下降 15.2%，国内旅行社平均资产负债率低于国际旅行社。

——饭店平均资产负债率为 65.5%，同比偿债能力提高 2.9%，低星级饭店平均资产负债率低于高星级饭店。

——旅游集团平均资产负债率为 40.8%，同比偿债能力提高 16%。

——旅游区点平均资产负债率为 46.6%，同比偿债能力提高 7%。

——其他旅游企业平均资产负债率为 51.2%，同比偿债能力提高 11%。

2. 流动比率

流动比率是企业一定时期流动资产同流动负债的比率。流动比率衡量企业短期债务偿还能力，评价企业偿债能力的强弱。

2002 年度全国旅游企业平均流动比率为 57.7%，其中：

——旅行社平均流动比率为 109.6%，国内旅行社平均流动比率高于国际旅行社。

——饭店平均流动比率为 46.8%，高星级饭店平均流动比率高于低星级饭店。

——旅游集团平均流动比率为 99.7%。

——旅游区点平均流动比率为 62.8%，文物类旅游区点平均流动比率高于自然类和主题类旅游区点。

——其他旅游企业平均流动比率为 70.1%。

3. 速动比率

速动比率是企业一定时期的速动资产同流动负债的比率。速动比率衡量企业的短期偿债能力，评价企业流动资产变现能力的强弱。

2002 年度全国旅游企业平均速动比率为 53.4%，其中：

——旅行社平均速动比率为 108.4%，国内旅行社平均速动比率高于国际旅行社。

——饭店平均速动比率为 42.4%，高星级饭店平均速动比率高于低星级饭店。

——旅游集团平均速动比率为 94.8%。

——旅游区点平均速动比率为 58.5%，文物类旅游区点平均速动

比率高于自然类和主题类旅游区点。

——其他旅游企业平均速动比率为 60. 8% 。

4. 长期资产适合率

长期资产适合率是企业所有者权益与长期负债之和同固定资产与长期投资之和的比率。长期资产适合率从企业资源配置结构方面反映了企业的偿债能力。

2002 年度全国旅游企业平均长期资产适合率为 71. 6% ,其中:

——旅行社平均长期资产适合率为 108. 3% ，国内旅行社平均长期资产适合率高于国际旅行社。

——饭店平均长期资产适合率为 65. 5% ,高星级饭店平均长期资产适合率高于低星级饭店。

——旅游集团平均长期资产适合率为 86. 2% 。

——旅游区点平均长期资产适合率为 95. 7% ,文物类旅游区点平均长期资产适合率高于自然类和主题类旅游区点。

——其他旅游企业平均长期资产适合率为 80. 7% 。

以上各偿债能力状况指标综合反映旅游集团偿债能力最强，体现出了规模经济的优势。按不同类型企业分析，旅行社财务结构较为合理、偿债能力较强,其中国内旅行社偿债能力略高于国际旅行社。饭店偿债能力状况指标也较为合理，高星级饭店由于贷款较多，偿债能力略低于低星级饭店。旅游区点中文物类旅游区点偿债能力高于自然类和主题类旅游区点。

(四)发展能力状况主要指标

1. 销售增长率

销售增长率是指企业本年主营业务收入增长额同上年主营业务收入总额的比率。销售增长率表示与上年相比，企业销售收入的增减变动情况,是评价企业成长状况和发展能力的重要指标。

2002 年度全国旅游企业平均销售增长率为 11.2% ,其中:

——旅行社平均销售增长率为 18.5% 。

——饭店平均销售增长率为 7% ，高星级饭店平均销售增长率高于低星级饭店。

——旅游集团平均销售增长率为 12.6% 。

——旅游区点平均销售增长率为 14.6% ,文物类旅游区点平均销售增长率高于自然类和主题类旅游区点。

——其他旅游企业平均销售增长率为 -1.5% 。

2. 资本积累率

资本积累率是指企业本年所有者权益增长额同年初所有者权益的比率。资本积累率表示企业当年资本的积累能力，是评价企业发展潜力的重要指标。

2002 年度全国旅游企业平均资本积累率为 6.3% ,其中:

——旅行社平均资本积累率为 6.6% ，国际旅行社平均资本积累率高于国内旅行社。

——饭店平均资本积累率为 4.9% ，高星级饭店平均资本积累率高于低星级饭店。

——旅游集团平均资本积累率为 9.8% 。

——旅游区点平均资本积累率为 12% ,文物类旅游区点平均资本积累率高于自然类和主题类旅游区点。

——其他旅游企业平均资本积累率为 3.2% 。

3. 总资产增长率

总资产增长率是企业本年总资产增长额同年初资产总额的比率。总资产增长率衡量企业本期资产规模的增长情况，评价企业经营规模总量上的扩张程度。

2002 年度全国旅游企业平均总资产增长率为 3.1%，其中：

——旅行社平均总资产增长率为 6%，国内旅行社平均总资产增长率高于国际旅行社。

——饭店平均总资产增长率为 1.4%，低星级饭店平均总资产增长率高于高星级饭店。

——旅游集团平均总资产增长率为 6.3%。

——旅游区点平均总资产增长率为 13.6%，文物类旅游区点平均总资产增长率高于自然类和主题类旅游区点。

——其他旅游企业平均总资产增长率为 1.5%。

以上各发展能力状况指标综合反映旅游区点和旅游集团发展能力强于其他三类企业，旅行社和饭店保持稳定的增长，其中国内旅行社和低星级饭店增长速度较快，旅游区点中文物类旅游区点发展能力较强。

（五）综合考核情况

结合十五个指标全面考核情况分析，2002 年度全国旅游企业整体经营情况好于上年度，各项财务指标均有不同程度的增长，并实现扭亏 23 亿元，资产营运正常，偿债能力较高，有一定的发展潜力。

分类企业中：旅行社主营业务收入利润率不高，但在全国旅游三大市场保持快速增长的大好形势下，整体赢利能力继续稳定增长，国

际旅行社整体赢利能力高于国内旅行社，但从发展能力看，国内旅行社仍具有较大潜力。饭店行业2002年度实现扭亏16亿元，主要得益于高星级饭店收入的快速增长以及对成本费用的有效控制，低星级饭店经营情况不理想，主要是客房出租率过低，相互压价竞争造成的。旅游区点整体经营情况良好，文物类旅游区点各类财务指标高于自然类和主题类旅游区点，收入稳步增长，一方面来源于门票收入，一方面来源于政府财政补贴，自然类旅游区点仍保持赢利，但增长幅度低于上年度，主题类旅游区点赢利状况强于上年度。旅游集团2002年度收入稳步增长、利润实现翻番，资产整体优势明显。

从区域经济分析，东部沿海及中部部分发达省市旅游企业经营情况良好，西部地区部分旅游区点效益较好。

附　　表

2002年度全国旅游行业经济效益

地区	财务效益状况				资产营运状况		
	净资产收益率（%）	总资产报酬率（%）	主营业务利润率（%）	成本费用利润率（%）	总资产周转率（%）	流动资产周转率（%）	存货周转率（次）
全　国	-2.4	0.8	29.7	-1.2	42.5	187.6	8.3
北　京	3.6	3.1	38.2	4.3	44.9	201.9	10.1
天　津	8.1	2.5	23.6	3.9	44.1	185.4	8.3
河　北	-4.8	-0.6	28.1	-6.6	29.1	136.8	5.7
山　西	-5.7	0.2	23.6	-3.7	49.6	200.6	8.6
内蒙古	-4.2	-1.4	29.6	-5.7	38.3	165.3	3.7
辽　宁	-17.7	-3.0	35.1	-13.1	29.1	162.4	6.5
吉　林	-8.8	0.4	20.4	-7.0	32.8	105.0	5.7
黑龙江	-7.5	-1.4	23.5	-8.2	24.1	171.3	3.0
上　海	4.5	3.5	34.6	6.1	45.1	181.8	9.3
江　苏	-4.4	0.1	20.7	-2.7	58.3	241.2	9.9
浙　江	-0.9	1.8	26.5	0.2	51.6	250.7	13.5
安　徽	-1.6	1.0	33.8	-5.6	45.0	192.8	6.5
福　建	-4.0	0.2	22.7	-2.0	55.6	175.7	12.6
江　西	-1.4	0.6	29.9	-1.4	38.2	184.6	7.1
山　东	-6.5	-1.2	27.4	-5.6	35.2	190.5	6.3

评价主要财务指标表(全部旅游企业)

	偿债能力状况				发展能力状况		
应收账款周转率(次)	资产负债率(%)	流动比率(%)	速动比率(%)	长期资产适合率(%)	销售增长率(%)	资本积累率(%)	总资产增长率(%)
8.7	60.8	57.7	53.4	71.6	11.2	6.3	3.1
12.9	67.2	65.3	61.9	68.8	13.0	13.8	3.7
7.6	79.3	51.3	47.4	78.1	12.8	28.5	8.7
6.1	54.5	47.8	43.2	73.5	7.4	9.7	-0.9
5.8	59.9	67.1	60.4	86.5	24.5	-0.5	4.4
4.4	43.1	67.8	57.7	75.3	3.5		1.8
5.8	68.7	37.4	34.7	57.8	6.0	-0.1	4.8
2.9	71.0	49.8	47.7	58.6	-28.1	8.3	-2.2
7.3	53.0	33.9	27.6	67.3	3.1	-6.7	0.5
10.7	55.0	68.2	64.8	67.6	15.9	4.0	3.0
12.2	59.8	62.0	56.7	68.9	13.9	0.8	6.0
15.9	58.0	48.9	45.3	67.7	13.2	1.3	4.7
8.8	43.3	77.2	68.4	89.0	16.2	2.0	2.5
8.2	61.3	73.4	69.4	75.0	3.9	0.6	1.0
5.1	42.8	70.7	65.5	90.4	14.2	7.7	9.1
8.2	66.6	45.7	40.4	74.7	10.9	3.3	5.3

地区	财务效益状况				资产营运状况		
	净资产收益率（%）	总资产报酬率（%）	主营业务利润率（%）	成本费用利润率（%）	总资产周转率（%）	流动资产周转率（%）	存货周转率（次）
河　南	-5.7	0.1	22.8	-5.0	38.3	147.4	6.0
湖　北	-4.6	-0.6	26.7	-4.3	35.0	206.4	7.5
湖　南	2.5	2.2	34.1	2.6	35.3	205.0	8.1
广　东	-2.1	0.9	30.8	-0.9	50.4	169.7	11.8
广　西	-13.0	-1.1	23.0	-5.8	43.9	213.3	7.3
海　南	-9.0	-2.8	39.5	-13.6	24.7	148.5	4.0
重　庆	-4.8	0.8	29.3	-3.6	40.2	186.2	5.4
四　川	-2.4	0.4	23.6	-2.1	43.3	232.4	11.1
贵　州	-6.1	-1.7	26.4	-7.4	36.4	149.5	4.8
云　南	-8.0	-2.1	24.3	-8.4	35.5	196.9	4.4
西　藏	-2.1	-0.9	18.4	-6.9	18.2	107.1	2.3
陕　西	0.1	2.1	22.7	1.5	48.9	156.9	14.0
甘　肃	-6.5	-1.9	26.8	-8.4	32.8	126.5	2.1
青　海	-4.5	-1.1	24.3	-6.3	36.3	150.9	5.8
宁　夏	-0.9	0.5	23.2	-2.0	42.2	292.3	5.2
新　疆	-7.2	-2.1	26.0	-7.4	33.5	198.7	6.1

续表

	偿债能力状况				发展能力状况		
应收账款周转率(次)	资产负债率(%)	流动比率(%)	速动比率(%)	长期资产适合率(%)	销售增长率(%)	资本积累率(%)	总资产增长率(%)
3.7	66.5	53.8	48.8	68.9	8.5	2.0	5.3
7.9	61.9	51.6	46.8	76.0	22.9	2.5	3.1
8.0	50.7	49.9	45.3	73.8	15.9	4.1	3.5
8.1	62.8	67.5	63.5	74.5	8.3	27.4	0.5
8.0	78.6	41.4	37.5	59.9	7.9	-10.8	-1.5
7.6	58.6	41.7	39.2	73.8	3.3	-9.7	-2.1
12.7	65.3	60.1	54.8	83.0	21.8	0.7	-1.3
6.8	51.5	54.8	50.9	82.6	11.4	0.2	4.6
8.1	54.6	64.0	58.2	74.1	9.9	-4.6	2.1
8.0	57.3	55.2	49.4	78.6	11.0	3.8	3.4
2.8	34.0	77.3	63.3	90.9	-6.9	10.9	5.5
6.2	65.9	84.4	79.4	95.9	12.6	20.3	13.1
4.1	56.4	64.0	49.8	78.0	14.6	14.9	15.2
3.6	49.5	74.4	66.8	78.6	13.1	10.3	15.3
15.4	51.4	42.8	34.5	79.7	13.4	7.6	6.0
8.2	64.2	41.9	36.3	67.0	10.3	6.7	6.3

2002年度全国旅游行业经济效益

地区	财务效益状况				资产营运状况		
	净资产收益率（%）	总资产报酬率（%）	主营业务利润率（%）	成本费用利润率（%）	总资产周转率（%）	流动资产周转率（%）	存货周转率（次）
全　国	1.8	2.3	6.1	0.9	206.5	379.8	
北　京	5.2	5.1	7.6	3.4	134.5	291.1	
天　津	-2.1	-0.2	4.3	-0.3	219.1	396.4	
河　北	-0.7	0.4	6.6	0.1	192.2	366.5	
山　西	-1.6	0.3	6.1	-0.2	255.4	474.4	
内蒙古	-2.7	1.0	7.1	0.5	163.3	287.8	
辽　宁	-0.3	3.4	6.7	1.0	325.7	558.9	
吉　林	-3.8	-0.5	1.9	-0.8	94.2	110.2	
黑龙江	5.4	7.0	11.1	3.8	180.0	337.9	
上　海	10.2	6.1	5.7	2.1	279.3	467.8	
江　苏	-0.1	1.0	4.0	0.1	335.5	588.9	
浙　江	5.2	4.2	5.3	1.1	334.0	573.0	
安　徽	-3.5	-0.8	4.7	-0.8	222.8	435.3	
福　建	-0.1	1.1	5.3	0.3	155.4	307.5	
江　西	1.4	3.1	7.3	0.7	237.5	447.4	
山　东	-2.8	-0.3	4.9	-0.2	270.6	410.9	

评价主要财务指标表(旅行社)

	偿债能力状况				发展能力状况		
应收账款周转率(次)	资产负债率(%)	流动比率(%)	速动比率(%)	长期资产适合率(%)	销售增长率(%)	资本积累率(%)	总资产增长率(%)
11.0	57.5	109.6	108.4	108.3	18.5	6.6	6.0
10.7	41.5	129.5	129.3	129.7	22.8	6.6	7.3
7.5	57.9	95.4	94.9	71.6	19.9	42.1	34.3
10.9	32.1	166.7	165.7	142.8	27.5	4.7	4.7
13.5	47.9	151.1	145.8	161.4	34.4	1.9	9.2
8.9	46.1	140.6	138.0	167.3	7.9	6.1	19.1
13.1	46.7	140.2	138.3	138.9	32.1	6.2	10.3
3.0	126.6	65.9	65.8	-191.8	-45.0	-2.9	-21.9
12.2	47.8	136.8	134.8	137.5	16.7	-5.4	4.7
13.9	56.6	108.4	108.2	102.8	21.2	8.2	14.9
19.9	61.0	104.1	102.2	101.6	21.5	8.7	12.5
14.1	62.9	99.5	98.1	113.6	29.6	0.1	12.1
11.2	44.1	113.1	111.0	115.0	30.6	-5.8	-2.2
11.0	59.1	100.2	98.9	91.2	9.4	-1.8	4.4
10.4	37.5	164.1	162.0	124.6	23.0	4.9	10.0
11.3	59.0	113.1	111.2	122.9	21.0	3.0	13.8

地区	财务效益状况				资产营运状况		
	净资产收益率（%）	总资产报酬率（%）	主营业务利润率（%）	成本费用利润率（%）	总资产周转率（%）	流动资产周转率（%）	存货周转率（次）
河　南	−0.4	0.5	6.4	0.1	198.1	321.6	
湖　北	23.0	3.4	10.1	2.3	140.4	388.3	
湖　南	−1.3	0.4	5.3	−0.2	383.2	750.9	
广　东	−8.7	−2.4	6.6	−1.3	208.5	404.7	
广　西	−0.6	0.8	4.2	0.2	200.1	314.1	
海　南	4.8	4.6	5.8	1.5	212.8	366.2	
重　庆	12.0	6.7	8.7	2.4	211.0	480.7	
四　川	−0.4	0.7	5.1	0.0	278.8	456.9	
贵　州	−4.9	−2.0	4.2	−1.0	219.2	320.4	
云　南	0.9	1.6	4.0	0.5	289.7	446.4	
西　藏	−2.5	−0.9	7.1	−1.3	96.3	169.6	
陕　西	9.0	4.6	8.6	1.4	230.3	298.9	
甘　肃	−5.5	−0.9	5.3	−1.3	123.8	212.0	
青　海	−4.4	1.6	8.5	−1.3	102.0	196.3	
宁　夏	−17.0	−7.9	1.5	−2.1	375.7	590.4	
新　疆	−3.6	−0.7	7.0	−0.5	189.7	332.4	

续表

	偿债能力状况				发展能力状况		
应收账款周转率(次)	资产负债率(%)	流动比率(%)	速动比率(%)	长期资产适合率(%)	销售增长率(%)	资本积累率(%)	总资产增长率(%)
6.7	41.6	171.5	166.4	174.3	12.1	4.6	-18.5
11.5	89.1	78.0	75.5	65.9	57.9	20.4	11.5
23.7	38.5	148.2	144.7	147.8	30.6	4.5	-3.4
14.2	65.5	99.6	97.7	99.9	14.6	9.7	3.5
7.2	63.8	111.0	110.0	121.0	13.4	4.2	0.2
9.4	39.9	154.9	154.4	164.7	6.0	11.7	9.5
12.2	61.6	96.9	95.8	72.1	41.9	31.3	6.8
9.8	54.7	125.0	123.9	136.8	23.3	12.3	16.5
12.1	51.5	153.4	151.6	185.7	22.4	0.5	18.6
9.0	59.8	115.2	113.9	119.3	15.1	0.7	4.3
2.6	43.4	140.2	132.3	123.6	-5.7	8.0	18.1
6.1	73.5	131.0	128.9	108.0	14.3	18.8	-4.8
3.6	68.8	99.5	97.8	84.2	14.3	-0.2	-1.6
4.9	66.2	82.5	79.4	72.0	31.2	23.6	5.3
22.3	52.2	128.0	123.4	142.6	54.7	-12.7	6.1
8.4	51.4	122.2	119.8	111.4	12.7	-6.5	1.5

2002年度全国旅游行业经济效益

地区	财务效益状况				资产营运状况		
	净资产收益率（%）	总资产报酬率（%）	主营业务利润率（%）	成本费用利润率（%）	总资产周转率（%）	流动资产周转率（%）	存货周转率（次）
全　国	2.4	2.7	6.6	1.2	178.1	333.6	
北　京	5.3	5.2	8.0	3.8	125.2	273.1	
天　津	-0.8	0.8	5.0	0.0	241.8	453.9	
河　北	1.5	2.1	7.8	1.1	180.3	316.7	
山　西	3.7	2.9	7.7	1.1	214.3	382.8	
内蒙古	-0.2	4.0	8.4	2.3	170.2	302.5	
辽　宁	4.8	7.5	7.4	2.2	336.2	599.8	
吉　林	-3.5	-0.7	1.5	-0.8	90.4	105.0	
黑龙江	7.3	9.0	10.6	5.2	182.3	351.8	
上　海	8.1	5.3	6.3	2.5	203.8	366.1	
江　苏	-1.9	0.8	4.3	0.0	329.8	527.1	
浙　江	3.6	2.7	3.8	0.6	341.7	495.2	
安　徽	-4.3	-1.8	3.7	-1.2	178.4	379.7	
福　建	0.5	1.4	5.3	0.7	120.3	252.7	
江　西	0.0	1.1	9.6	0.5	153.9	361.7	
山　东	3.9	2.9	5.6	1.3	228.4	391.0	

评价主要财务指标表(国际旅行社)

	偿债能力状况				发展能力状况		
应收账款周转率(次)	资产负债率(%)	流动比率(%)	速动比率(%)	长期资产适合率(%)	销售增长率(%)	资本积累率(%)	总资产增长率(%)
9.5	59.7	103.4	102.5	103.9	15.1	6.6	4.5
10.2	41.0	130.1	129.9	130.9	22.1	6.2	6.4
10.9	64.7	91.3	91.0	78.6	13.9	0.8	16.9
8.7	41.0	140.0	139.8	140.0	9.3	8.4	3.3
7.6	57.6	111.0	109.7	133.3	25.4	8.7	14.7
7.9	50.8	111.6	110.9	177.8	-3.8	19.6	16.9
13.9	50.7	118.6	117.9	133.6	37.4	7.2	11.3
2.9	129.6	64.8	64.8	-222.4	-47.0	-2.7	-22.5
15.5	45.6	125.6	123.9	140.2	7.3	-8.9	2.2
8.8	54.4	101.0	100.9	98.2	26.7	6.5	14.9
14.6	68.6	97.4	95.7	100.6	14.5	1.7	4.9
9.2	73.0	100.8	100.6	121.9	30.4	3.5	22.2
8.9	44.7	100.5	99.1	111.3	41.0	0.2	-2.6
11.0	61.1	91.9	90.8	86.4	4.9	-2.6	3.0
7.9	38.3	123.3	122.5	123.7	35.4	2.6	10.7
10.8	58.0	100.9	100.4	113.3	20.0	7.1	22.6

地区	财务效益状况				资产营运状况		
	净资产收益率（%）	总资产报酬率（%）	主营业务利润率（%）	成本费用利润率（%）	总资产周转率（%）	流动资产周转率（%）	存货周转率（次）
河　南	3.0	1.3	5.5	0.7	169.1	287.6	
湖　北	583.6	3.6	12.0	3.3	105.6	333.3	
湖　南	6.6	3.5	5.5	0.8	406.2	750.4	
广　东	－9.6	－2.8	6.9	－1.5	207.0	391.3	
广　西	2.1	1.8	4.5	0.7	184.0	275.6	
海　南	4.6	4.9	5.7	1.7	173.4	336.6	
重　庆	19.8	9.4	11.5	4.2	178.0	422.0	
四　川	2.2	2.0	4.7	0.3	323.6	458.1	
贵　州	－4.3	－1.1	4.2	－0.5	303.4	481.1	
云　南	1.6	2.0	3.9	0.6	291.4	475.3	
西　藏	－1.7	－0.4	6.5	－0.8	95.8	166.4	
陕　西	10.2	4.6	9.5	1.5	207.8	267.9	
甘　肃	－5.0	0.0	4.9	－0.9	106.1	182.5	
青　海	－2.4	－0.3	5.3	－0.6	98.0	190.3	
宁　夏	－23.0	－8.0	0.9	－2.1	378.5	526.7	
新　疆	0.6	1.7	7.9	0.7	191.1	346.6	

续表

	偿债能力状况				发展能力状况		
应收账款周转率(次)	资产负债率(%)	流动比率(%)	速动比率(%)	长期资产适合率(%)	销售增长率(%)	资本积累率(%)	总资产增长率(%)
4.8	70.0	109.2	108.9	181.9	-2.5	2.8	-37.5
10.1	99.6	64.6	62.6	57.4	75.0	119.9	12.5
32.8	50.2	118.4	115.1	142.5	32.8	6.8	-13.8
13.4	65.3	100.3	98.2	100.4	10.4	10.6	3.1
5.6	71.2	101.9	100.8	97.2	15.2	7.4	-0.9
9.2	41.5	131.5	130.9	147.7	-1.5	11.9	5.4
10.1	63.0	94.0	93.0	64.0	38.4	44.9	9.0
8.8	66.3	112.6	112.1	130.9	18.6	3.1	19.1
12.7	60.6	134.3	134.3	157.3	13.4	3.9	13.1
11.0	60.3	106.5	106.3	113.6	13.6	3.5	1.7
2.4	45.4	139.2	137.1	119.7	-7.9	0.8	9.4
5.5	76.9	127.1	125.5	99.5	11.8	18.3	-6.8
2.8	79.5	87.8	86.6	69.6	9.1	-3.5	-1.6
3.9	73.6	69.3	66.3	46.2	19.1	35.5	7.0
21.2	65.1	111.3	109.5	184.3	40.3	-19.5	12.1
8.0	48.9	121.3	120.6	107.2	7.3	-3.7	-3.5

2002 年度全国旅游行业经济效益

地区	财务效益状况				资产营运状况		
	净资产收益率（%）	总资产报酬率（%）	主营业务利润率（%）	成本费用利润率（%）	总资产周转率（%）	流动资产周转率（%）	存货周转率（次）
全　国	0.02	1.2	5.1	0.2	299.7	520.3	
北　京	0.3	2.2	4.0	0.3	470.4	804.6	
天　津	-3.2	-1.0	3.6	-0.6	199.1	349.0	
河　北	-1.9	-0.8	5.9	-0.4	200.1	405.2	
山　西	-3.9	-1.2	5.4	-0.7	278.3	528.8	
内蒙古	-5.2	-3.2	5.1	-2.2	153.6	267.9	
辽　宁	-9.1	-4.7	5.1	-1.6	304.6	485.7	
吉　林	-1.3	5.3	7.4	-0.2	221.5	335.5	
黑龙江	0.7	2.7	12.3	0.4	174.9	309.3	
上　海	16.2	7.9	5.1	1.7	454.9	658.3	
江　苏	1.4	1.3	3.6	0.3	343.3	695.4	
浙　江	6.0	5.5	6.6	1.6	327.5	664.1	
安　徽	-2.6	0.5	5.6	-0.5	281.3	496.0	
福　建	-2.3	-0.1	5.4	-0.2	307.1	486.3	
江　西	2.7	5.0	6.2	0.8	317.5	502.7	
山　东	-11.4	-4.0	4.4	-1.3	319.5	428.9	

评价主要财务指标表(国内旅行社)

	偿债能力状况				发展能力状况		
应收账款周转率(次)	资产负债率(%)	流动比率(%)	速动比率(%)	长期资产适合率(%)	销售增长率(%)	资本积累率(%)	总资产增长率(%)
17.2	50.7	132.5	129.9	124.0	26.4	6.3	11.3
26.3	57.7	113.5	112.5	99.8	31.1	32.1	50.0
5.2	52.7	99.0	98.4	67.1	27.8	91.7	52.8
14.2	26.5	193.1	191.3	144.4	45.4	2.7	5.8
21.5	42.5	188.2	179.1	177.0	41.0	-1.3	6.0
11.3	40.0	201.3	194.8	157.8	48.3	-9.1	22.6
11.3	38.7	209.7	203.7	148.9	20.7	4.2	8.3
7.5	41.6	163.4	158.8	160.6	24.9	-0.4	4.5
7.2	52.3	167.5	164.3	131.7	51.7	5.6	13.2
39.4	61.7	124.9	124.5	116.4	15.8	13.3	14.8
41.9	51.4	116.8	114.5	102.5	31.7	15.0	23.7
29.8	54.5	98.0	95.1	109.5	28.8	-1.8	3.6
14.9	43.3	130.6	127.6	120.6	21.8	-12.1	-1.7
11.0	51.0	138.3	136.4	117.5	18.4	1.5	11.1
12.6	36.8	205.4	202.0	125.6	16.7	7.5	9.2
11.9	60.1	127.9	124.3	140.4	21.8	-2.3	4.0

地区	财务效益状况				资产营运状况		
	净资产收益率（%）	总资产报酬率（%）	主营业务利润率（%）	成本费用利润率（%）	总资产周转率（%）	流动资产周转率（%）	存货周转率（次）
河南	−1.3	−0.2	7.1	−0.3	223.3	348.7	
湖北	2.1	1.9	6.8	0.5	325.4	542.6	
湖南	−5.4	−2.2	5.0	−1.1	363.7	751.3	
广东	−2.2	−0.3	4.5	−0.2	217.0	497.0	
广西	−3.5	−1.2	3.6	−0.7	233.2	405.5	
海南	5.3	3.8	5.9	1.3	301.4	413.1	
重庆	−5.2	−1.7	3.8	−0.7	314.2	638.3	
四川	−2.6	−1.3	5.9	−0.6	212.9	454.1	
贵州	−5.2	−2.7	4.3	−1.7	157.4	217.7	
云南		1.0	4.2	0.2	286.9	407.6	
西藏	−7.6	−5.5	12.3	−5.3	99.8	200.3	
陕西	5.1	4.2	4.5	0.9	484.7	681.0	
甘肃	−5.8	−3.5	6.0	−2.0	178.3	301.5	
青海	−5.9	4.4	12.8	−2.3	107.7	204.7	
宁夏	−13.2	−7.9	2.1	−2.1	372.9	676.9	
新疆	−16.0	−7.0	4.5	−3.6	186.0	300.0	

续表

	偿债能力状况				发展能力状况		
应收账款周转率(次)	资产负债率(%)	流动比率(%)	速动比率(%)	长期资产适合率(%)	销售增长率(%)	资本积累率(%)	总资产增长率(%)
9.7	24.4	285.0	271.1	172.3	25.9	5.2	5.8
16.5	32.3	205.3	198.6	153.1	31.6	5.0	6.1
18.3	29.7	180.8	177.2	151.4	28.3	3.2	7.3
22.3	66.6	95.2	94.5	97.1	44.2	3.1	5.8
16.9	49.3	139.1	138.3	176.2	10.4	-1.6	2.6
9.6	36.5	208.6	208.2	220.6	18.0	11.2	19.4
20.3	56.9	106.7	104.9	118.5	48.5	5.7	-0.1
14.5	37.9	166.3	163.1	141.7	38.1	21.0	12.5
11.2	45.2	167.0	164.1	214.3	38.9	-1.2	23.1
6.9	59.1	128.1	125.3	129.4	17.9	-3.6	8.6
7.9	32.5	147.5	96.3	146.9	30.6	95.8	173.1
19.0	40.6	192.4	182.6	210.2	31.5	20.3	24.7
8.5	36.7	162.6	158.4	132.5	27.2	3.4	-1.6
7.7	55.3	113.8	110.2	113.1	55.8	12.2	2.6
23.7	38.9	157.4	147.8	120.2	73.9	-7.9	-0.5
9.8	57.0	123.9	118.3	124.8	33.4	-15.1	17.1

2002年度全国旅游行业经济效益

地区	财务效益状况				资产营运状况		
	净资产收益率（%）	总资产报酬率（%）	主营业务利润率（%）	成本费用利润率（%）	总资产周转率（%）	流动资产周转率（%）	存货周转率（次）
全　国	-4.8	0.04	44.1	-4.7	30.1	161.2	4.2
北　京	4.8	3.3	58.9	5.9	32.0	174.3	3.1
天　津	15.0	3.2	45.4	11.0	24.9	119.4	2.8
河　北	-6.5	-1.0	36.1	-10.6	23.7	132.5	4.4
山　西	-6.7	0.3	34.7	-6.1	34.6	153.1	4.1
内蒙古	-5.5	-2.2	36.3	-9.5	31.4	148.9	2.7
辽　宁	-19.8	-3.3	45.5	-18.0	22.1	158.5	3.7
吉　林	-8.8	-2.1	44.4	-15.7	19.2	116.1	3.4
黑龙江	-10.2	-2.2	33.4	-16.5	17.7	139.0	1.8
上　海	4.5	3.2	52.6	5.8	38.6	222.6	5.2
江　苏	-6.4	-0.5	36.4	-6.8	34.3	162.9	5.3
浙　江	-2.1	1.4	37.3	-1.3	38.6	219.4	9.6
安　徽	-3.7	-0.5	39.2	-5.6	30.5	160.6	3.3
福　建	-7.8	-0.7	40.2	-6.5	36.1	142.2	5.5
江　西	-3.3	-0.3	38.5	-5.5	29.7	155.2	4.4
山　东	-11.6	-2.4	34.4	-11.4	28.3	179.2	4.0

评价主要财务指标表(饭店)

	偿债能力状况				发展能力状况		
应收账款周转率(次)	资产负债率(%)	流动比率(%)	速动比率(%)	长期资产适合率(%)	销售增长率(%)	资本积累率(%)	总资产增长率(%)
8.3	65.5	46.8	42.4	65.5	7.0	4.9	1.4
15.2	74.0	54.6	50.8	62.6	6.1	21.9	3.3
7.7	83.7	46.0	41.3	76.0	6.2	33.0	6.5
6.0	54.6	34.5	29.7	64.8	3.2	9.0	-5.3
4.4	62.4	62.4	54.5	80.9	19.2	-1.9	-0.3
4.0	45.1	58.8	48.5	70.6	0.7	-2.8	-1.5
5.0	73.4	30.1	27.1	53.3	1.0	-10.0	1.7
3.7	63.0	33.6	30.2	58.6	2.8	3.4	5.2
5.9	67.6	24.1	19.1	53.6	-5.3	-8.8	0.9
12.0	65.4	50.3	46.8	62.5	15.7	1.1	1.6
11.1	62.2	54.4	48.6	64.8	7.7	-1.8	4.0
20.6	61.3	40.9	37.6	62.2	9.1	-4.1	1.5
7.2	47.3	59.5	50.1	84.2	5.2	2.0	0.2
6.4	65.3	59.5	55.4	66.8	5.1	0.9	-0.5
5.3	47.4	57.2	50.9	77.7	9.0	6.9	5.3
9.1	71.5	35.6	29.9	67.3	5.3	-4.1	1.8

地区	财务效益状况				资产营运状况		
	净资产收益率（%）	总资产报酬率（%）	主营业务利润率（%）	成本费用利润率（%）	总资产周转率（%）	流动资产周转率（%）	存货周转率（次）
河南	-11.1	-1.2	26.4	-9.8	30.5	122.6	4.4
湖北	-6.2	-1.0	38.9	-8.2	25.0	179.5	4.8
湖南	2.8	2.1	46.1	2.6	26.7	168.6	4.4
广东	-2.6	0.9	46.7	-2.1	34.7	122.2	5.4
广西	-26.1	-2.1	33.3	-13.2	27.4	184.2	4.7
海南	-14.0	-4.1	59.8	-25.3	16.7	111.9	2.0
重庆	-11.0	-0.6	47.1	-12.3	23.7	138.1	1.9
四川	-6.5	-1.4	33.5	-10.6	26.2	186.2	4.3
贵州	-10.3	-2.6	41.8	-14.0	26.0	122.2	2.2
云南	-10.3	-3.7	37.8	-20.6	18.9	138.6	2.4
西藏	-2.1	-0.9	22.4	-8.5	15.4	104.0	1.7
陕西	-33.4	-2.0	30.5	-12.0	29.4	163.8	3.6
甘肃	-6.9	-2.2	37.9	-12.3	23.1	103.0	1.2
青海	-4.5	-1.5	32.6	-8.7	27.1	134.6	2.8
宁夏	-4.4	-1.0	23.6	-8.8	30.5	256.1	3.5
新疆	-9.2	-2.7	34.2	-12.1	24.1	170.0	3.5

续表

	偿债能力状况				发展能力状况		
应收账款周转率(次)	资产负债率(%)	流动比率(%)	速动比率(%)	长期资产适合率(%)	销售增长率(%)	资本积累率(%)	总资产增长率(%)
3.1	71.5	48.2	43.6	61.3	5.4	−0.3	5.2
7.7	64.9	42.4	37.5	73.9	7.3	−3.7	−0.7
6.7	52.8	42.1	36.9	65.5	11.8	4.8	2.9
6.1	62.1	65.8	62.6	72.9	3.5	35.6	−0.5
9.0	86.0	27.6	24.8	50.5	4.1	−23.1	−4.2
6.3	65.7	34.9	32.2	58.8	1.9	−12.9	−2.7
14.1	70.1	51.9	44.8	79.6	9.8	−6.1	−3.8
5.2	54.4	38.2	33.4	72.5	8.5	−3.6	0.2
6.3	64.7	47.1	41.6	59.7	3.7	−7.0	4.1
9.0	55.1	44.4	37.4	74.2	5.8	3.0	1.8
3.6	32.6	70.9	56.3	83.1	−6.7	12.9	5.8
7.0	90.5	46.2	40.0	74.1	5.9	−33.3	2.4
5.1	55.5	58.5	41.7	75.8	12.6	15.2	16.9
3.2	47.3	72.2	63.4	79.2	5.7	9.5	16.8
13.3	53.5	33.9	25.6	73.9	2.2	3.4	4.0
9.0	67.0	34.2	28.4	63.5	7.8	8.9	6.3

2002 年度全国旅游行业经济效益

地　区	财务效益状况				资产营运状况		
	净资产收益率（%）	总资产报酬率（%）	主营业务利润率（%）	成本费用利润率（%）	总资产周转率（%）	流动资产周转率（%）	存货周转率（次）
全　国	4.0	4.1	57.0	7.0	31.4	187.9	3.5
北　京	23.2	8.6	66.8	23.5	31.3	208.5	2.8
天　津							
河　北	-20.0	-1.1	38.2	-35.5	8.6	24.9	2.9
山　西							
内蒙古	-11.5	-5.0	68.1	-18.2	31.7	195.4	3.3
辽　宁	3.1	2.7	51.2	7.8	31.8	156.8	4.4
吉　林	-20.5	-8.9	39.0	-51.6	11.4	50.1	6.3
黑龙江	-90.1	-1.1	68.5	-26.8	11.6	248.2	1.8
上　海	12.7	7.8	58.3	14.8	55.2	374.8	7.7
江　苏	-3.6	0.9	26.2	-2.4	38.6	168.3	4.0
浙　江	3.1	4.1	55.2	7.1	26.1	179.5	5.8
安　徽	3.7	3.3	51.5	12.9	27.6	173.0	1.5
福　建	-60.4	-2.1	56.7	-11.5	38.1	230.9	3.4
江　西							
山　东	-82.4	-3.3	46.3	-14.2	29.1	427.3	4.2

评价主要财务指标表(五星级饭店)

	偿债能力状况				发展能力状况		
应收账款周转率(次)	资产负债率(%)	流动比率(%)	速动比率(%)	长期资产适合率(%)	销售增长率(%)	资本积累率(%)	总资产增长率(%)
14.3	65.6	53.1	48.4	73.5	10.1	38.5	0.3
26.2	69.7	68.8	64.4	70.1	4.4	80.8	1.5
19.6	41.7	33.6	30.8	61.2	32.2	1227.2	-45.5
12.8	47.2	35.2	29.0	58.2	-4.7	-10.9	2.6
9.1	50.4	67.9	63.7	67.9	1.4	0.4	-3.9
27.7	50.4	52.3	51.5	60.5	2.5	-17.2	0.8
7.7	97.5	6.3	5.2	23.4	6.8	-62.1	-3.7
29.2	51.9	80.7	76.4	70.1	23.8	15.4	3.4
17.4	66.4	67.3	55.5	58.2	9.5	39.4	17.7
26.3	55.9	39.8	37.2	62.6	18.4	-1.6	1.6
4.6	20.9	102.0	70.5	173.2	18.7	2.3	0.6
23.8	110.5	24.1	21.4	20.9	9.2	-81.3	-5.1
33.0	111.0	10.5	8.1	39.9	6.1	-1791.6	-1.3

地区	财务效益状况				资产营运状况		
	净资产收益率（%）	总资产报酬率（%）	主营业务利润率（%）	成本费用利润率（%）	总资产周转率（%）	流动资产周转率（%）	存货周转率（次）
河　南	-134.0	-8.0	22.7	-50.8	17.2	205.7	1.9
湖　北	-3.5	-0.4	61.1	-8.1	13.5	169.5	7.5
湖　南	5.4	4.7	60.6	20.5	16.3	99.8	3.5
广　东	2.3	7.1	53.7	7.4	44.0	160.5	4.3
广　西	-49.0	-2.0	58.4	-12.4	21.5	236.2	4.6
海　南	-6.0	-0.6	71.3	-9.1	17.1	92.8	1.6
重　庆	-24.0	-1.5	74.7	-33.2	9.7	81.7	0.2
四　川	0.3	0.2	20.8	0.5	54.3	311.0	1.6
贵　州							
云　南	-10.5	-5.0	60.1	-22.6	18.8	135.8	1.5
西　藏							
陕　西							
甘　肃							
青　海							
宁　夏							
新　疆			46.2	0.0	20.4	209.7	2.9

续表

	偿债能力状况				发展能力状况		
应收账款周转率(次)	资产负债率(%)	流动比率(%)	速动比率(%)	长期资产适合率(%)	销售增长率(%)	资本积累率(%)	总资产增长率(%)
6.2	96.4	70.3	63.5	95.7	-12.7	-79.9	-21.0
13.4	67.4	49.9	46.1	79.8	3.4	-3.4	-4.2
3.2	56.3	33.0	29.1	75.8	7.6	6.3	1.3
9.5	56.0	73.2	69.0	118.0	8.1	130.7	4.9
8.2	108.8	24.9	22.6	53.4	4.0	-72.4	-0.9
7.9	69.4	40.5	38.7	55.0	1.3	-6.1	-3.1
10.4	84.5	69.0	32.2	117.6	7.5	-37.4	-9.1
5.6	13.4	140.5	104.1	176.4	-11.5	0.3	-1.5
18.1	50.7	130.3	102.7	91.9	9.9	-3.7	-4.7
21.0	54.1	47.2	37.3	87.0	11.9	0.0	5.7

2002年度全国旅游行业经济效益

地　区	财务效益状况				资产营运状况		
	净资产收益率（%）	总资产报酬率（%）	主营业务利润率（%）	成本费用利润率（%）	总资产周转率（%）	流动资产周转率（%）	存货周转率（次）
全　国	－5.5	0.2	49.1	－4.3	30.1	158.6	4.2
北　京	4.0	2.5	61.0	4.2	37.2	177.8	2.7
天　津	87.2	7.4	52.5	53.9	19.7	106.2	2.8
河　北	－1.9	－0.5	45.1	－4.3	24.0	186.9	3.4
山　西	－6.1	0.7	47.0	－4.4	33.8	150.8	3.7
内蒙古	－7.4	－7.1	45.2	－21.6	29.6	307.5	2.5
辽　宁	－32.0	－4.2	59.7	－22.8	19.4	189.9	2.5
吉　林	－9.8	－2.2	64.6	－22.4	15.9	138.3	1.9
黑龙江	－11.1	－2.0	32.4	－13.2	20.2	106.2	0.6
上　海	1.8	3.1	56.1	3.0	39.5	247.8	5.7
江　苏	－6.2	0.1	49.9	－7.6	31.5	156.8	4.7
浙　江	1.2	3.3	35.5	2.0	47.9	247.1	13.9
安　徽	－4.5	－0.6	46.0	－8.7	22.7	127.4	1.6
福　建	－0.2	2.1	45.7	0.6	39.6	243.1	6.7
江　西	－5.4	－3.2	40.5	－19.6	16.7	176.4	4.1
山　东	－13.2	－2.9	44.4	－17.4	20.7	162.1	3.0

评价主要财务指标表(四星级饭店)

	偿债能力状况				发展能力状况		
应收账款周转率(次)	资产负债率(%)	流动比率(%)	速动比率(%)	长期资产适合率(%)	销售增长率(%)	资本积累率(%)	总资产增长率(%)
11.8	70.3	46.4	42.4	60.8	7.9	-4.6	1.2
20.7	80.5	51.2	46.9	49.0	5.0	-12.6	2.7
14.4	89.6	42.3	38.7	82.9	7.7	172.0	11.4
6.2	48.7	42.5	35.7	75.0	17.2	-14.5	8.8
3.1	68.3	81.7	73.2	88.5	25.8	-12.0	-2.4
11.9	7.6	107.4	69.4	90.6	14.0	-7.2	-8.3
10.2	80.8	23.5	20.8	50.3	0.1	-16.6	0.0
6.8	63.3	26.1	21.4	61.9	0.9	-3.9	-3.1
6.9	71.2	31.2	18.9	49.8	5.8	-4.3	-1.7
32.2	77.1	31.9	29.7	38.0	12.0	-6.3	0.0
11.9	61.8	55.8	51.0	67.5	7.8	-14.8	-3.8
43.6	69.3	38.3	35.3	58.1	9.7	-9.4	-0.1
12.7	52.6	60.1	50.0	93.5	2.3	-5.3	-0.5
24.3	58.4	62.6	57.0	82.5	13.3	6.3	0.8
43.6	31.1	55.0	45.9	84.5	-0.8	-5.5	-2.6
13.3	69.6	39.8	33.6	92.4	3.3	6.8	6.1

地区	财务效益状况				资产营运状况		
	净资产收益率（%）	总资产报酬率（%）	主营业务利润率（%）	成本费用利润率（%）	总资产周转率（%）	流动资产周转率（%）	存货周转率（次）
河　南	-23.7	2.5	26.7	-8.8	33.7	212.6	5.4
湖　北	-6.8	-0.5	50.7	-8.8	20.8	133.7	3.1
湖　南	1.2	2.8	44.6	5.3	30.7	166.1	5.0
广　东	-2.2	0.4	50.9	-1.2	29.2	90.0	5.3
广　西	-33.7	-2.0	32.3	-11.3	32.5	194.3	3.9
海　南	-16.7	-5.7	67.7	-30.8	16.7	138.6	1.9
重　庆	-5.8		53.5	-9.5	22.9	120.9	4.7
四　川	-8.4	-2.7	48.4	-13.8	25.6	271.4	2.5
贵　州	-3.8	-0.4	60.9	-7.2	26.3	150.5	2.5
云　南	-10.8	-3.1	41.6	-20.9	17.6	116.3	1.6
西　藏	0.6	0.8	21.0	5.5	11.0	43.3	0.9
陕　西	-16.7	-4.8	28.0	-16.3	35.2	166.3	3.3
甘　肃	-7.0	-1.8	50.0	-10.4	21.9	134.8	2.1
青　海	-0.3	0.5	42.5	-0.7	30.6	125.1	3.7
宁　夏	-2.2	-1.1	16.2	-8.2	21.8	105.0	1.8
新　疆	-23.2	-4.2	45.3	-18.0	24.9	144.2	3.1

续表

	偿债能力状况				发展能力状况		
应收账款周转率(次)	资产负债率(%)	流动比率(%)	速动比率(%)	长期资产适合率(%)	销售增长率(%)	资本积累率(%)	总资产增长率(%)
8.0	88.1	26.2	23.6	66.4	14.4	-17.2	1.4
7.7	72.5	42.4	39.4	73.9	11.8	-12.5	-3.9
13.2	48.9	63.2	58.2	77.9	19.8	2.3	10.3
5.3	73.3	67.8	65.6	53.6	4.0	-5.2	-1.2
16.3	90.9	37.9	33.9	77.7	11.4	-48.4	-4.2
6.6	60.4	28.0	25.2	48.8	7.3	-13.7	-1.3
16.2	51.9	76.0	72.0	73.5	1.8	23.4	-11.7
15.1	51.5	33.1	26.1	81.7	21.7	-7.8	-4.0
12.7	53.3	59.8	54.7	68.6	0.7	-2.6	-0.9
15.5	57.9	47.6	41.9	67.6	11.0	19.8	9.3
2.1	18.6	804.8	626.4	88.6	-28.2	2.0	-2.0
6.8	144.6	53.2	47.6	71.0	4.2	-21.4	2.0
2.8	64.4	82.8	73.4	76.0	3.0	56.4	36.0
2.4	36.5	120.1	112.7	80.2	-4.3	24.5	33.0
42.1	18.9	114.9	96.2	90.8	9.6	2.5	3.9
12.4	74.1	22.2	18.6	39.5	12.6	133.5	26.2

2002 年度全国旅游行业经济效益

地区	财务效益状况				资产营运状况		
	净资产收益率（%）	总资产报酬率（%）	主营业务利润率（%）	成本费用利润率（%）	总资产周转率（%）	流动资产周转率（%）	存货周转率（次）
全　国	-7.7	-1.3	39.5	-8.5	29.7	152.4	4.3
北　京	-12.2	-1.5	51.2	-9.2	28.8	141.5	3.3
天　津	-15.7	-3.7	39.9	-11.7	39.7	146.0	1.9
河　北	-8.5	-1.5	37.3	-12.2	26.9	172.2	4.8
山　西	-9.7	-0.5	27.2	-10.5	32.8	192.8	4.0
内蒙古	-2.6	-0.1	32.1	-3.4	30.5	132.5	2.1
辽　宁	-25.0	-5.2	37.7	-21.9	23.0	205.7	4.5
吉　林	-5.1	-0.9	42.0	-8.7	19.8	108.5	3.7
黑龙江	-6.7	-2.8	25.8	-15.5	18.9	153.0	3.9
上　海	0.3	1.2	50.0	1.6	33.5	171.2	6.6
江　苏	-7.7	-1.1	32.3	-8.4	32.4	146.1	6.5
浙　江	-3.8	0.3	38.6	-3.9	35.8	192.5	7.4
安　徽	-4.8	-0.7	37.6	-5.9	35.1	183.6	5.6
福　建	-6.8	-0.9	37.6	-6.5	35.1	119.2	5.6
江　西	-2.1	0.8	42.2	-2.9	31.9	152.7	4.4
山　东	-5.6	-1.1	29.9	-6.5	30.5	176.5	3.9

评价主要财务指标表(三星级饭店)

	偿债能力状况				发展能力状况		
应收账款周转率(次)	资产负债率(%)	流动比率(%)	速动比率(%)	长期资产适合率(%)	销售增长率(%)	资本积累率(%)	总资产增长率(%)
6.6	63.4	46.0	41.4	63.0	4.6	-1.5	1.7
8.3	77.0	49.1	45.9	62.9	6.1	-6.5	5.0
3.4	67.3	59.2	47.9	67.3	3.3	-7.4	-10.9
5.4	58.7	31.1	26.6	53.3	-2.6	0.4	2.5
8.1	58.5	52.0	43.9	82.2	17.9	7.4	7.0
4.8	57.8	58.0	47.0	65.1	-3.9	3.8	-2.6
4.1	67.8	24.7	21.1	52.0	4.8	-5.5	1.9
3.1	62.9	36.2	33.2	59.9	4.8	16.0	10.0
7.6	51.0	29.5	25.1	66.5	0.4	-9.6	1.3
8.0	59.2	47.7	45.2	64.5	11.1	-1.9	-1.0
9.4	64.0	50.5	46.4	67.8	7.0	0.1	7.9
15.0	60.1	48.7	44.8	66.1	7.4	-3.0	3.5
7.4	48.0	50.6	44.0	72.7	3.8	7.2	0.4
5.1	61.0	67.6	63.3	73.2	2.0		1.6
3.6	49.5	61.3	55.2	79.3	4.6	15.6	3.8
8.7	64.0	36.4	29.1	63.2	7.9	-1.6	-0.5

地区	财务效益状况				资产营运状况		
	净资产收益率（%）	总资产报酬率（%）	主营业务利润率（%）	成本费用利润率（%）	总资产周转率（%）	流动资产周转率（%）	存货周转率（次）
河　南	-10.9	-1.3	29.1	-8.9	32.5	118.8	3.9
湖　北	-4.3	-0.3	37.0	-4.6	32.1	224.5	5.0
湖　南	-5.5	-1.9	43.8	-9.3	30.8	292.8	4.7
广　东	-6.4	-1.5	41.3	-6.7	35.4	125.1	6.3
广　西	-63.1	-3.3	32.7	-18.1	26.7	164.9	5.0
海　南	-13.1	-3.9	40.9	-19.9	18.8	102.8	2.2
重　庆	-11.5	-0.6	41.6	-10.1	33.6	142.2	3.8
四　川	-5.0	-0.8	35.0	-9.8	23.2	164.8	4.4
贵　州	-18.4	-3.9	38.1	-21.1	20.6	92.7	1.5
云　南	-8.6	-3.5	41.5	-22.5	15.4	150.7	1.7
西　藏	-3.9	-2.0	18.7	-14.0	16.3	131.5	2.7
陕　西	-11.7	-1.3	33.5	-12.3	24.0	161.2	3.5
甘　肃	-8.1	-3.0	34.1	-16.6	22.0	82.7	0.9
青　海	-9.7	-3.4	22.7	-14.5	28.7	143.0	2.3
宁　夏	-5.7	-1.2	29.3	-9.0	34.5	730.6	4.2
新　疆	-18.7	-3.4	28.1	-13.9	27.1	180.0	4.1

续表

	偿债能力状况				发展能力状况		
应收账款周转率(次)	资产负债率(%)	流动比率(%)	速动比率(%)	长期资产适合率(%)	销售增长率(%)	资本积累率(%)	总资产增长率(%)
3.0	71.9	49.4	44.0	56.1	2.1	1.6	10.5
10.3	62.2	42.7	36.4	72.4	6.9	2.1	1.9
11.1	51.5	34.8	29.0	47.1	11.2	-3.6	-1.3
4.4	56.5	69.7	66.1	59.6	-3.8	1.7	-3.5
8.9	92.4	23.3	21.2	32.4	3.0	-42.6	-7.7
5.3	68.8	43.6	39.8	63.6	-3.1	-16.4	-1.8
20.5	69.7	53.5	47.9	65.8	7.6	-7.8	3.2
3.8	55.4	33.8	30.3	66.3	3.0	-2.5	0.3
9.0	76.3	38.5	33.4	48.6	1.2	-14.9	6.5
9.5	50.2	35.3	28.3	77.7	8.2	7.0	1.4
3.5	35.9	47.1	36.6	74.9	-5.0	0.3	-3.5
9.2	78.0	35.0	30.2	71.7	7.8	-19.4	-0.4
7.9	52.4	59.0	38.6	77.2	8.3	8.3	14.4
5.1	54.8	68.8	56.8	83.0	15.1	5.3	8.6
16.1	66.3	13.4	7.6	67.0	1.6	6.4	5.9
8.9	79.9	33.1	27.7	51.1	3.0	-21.4	-2.1

2002年度全国旅游行业经济效益

地　区	财务效益状况				资产营运状况		
	净资产收益率（%）	总资产报酬率（%）	主营业务利润率（%）	成本费用利润率（%）	总资产周转率（%）	流动资产周转率（%）	存货周转率（次）
全　国	−7.4	−1.9	27.9	−8.4	34.6	173.1	5.9
北　京	−6.7	−1.2	35.6	−7.2	33.2	159.6	4.0
天　津	−47.9	−14.8	29.3	−53.9	30.2	118.1	6.1
河　北	−3.3	−0.4	21.9	−3.8	36.6	219.2	6.0
山　西	−2.0	1.0	28.6	−1.4	37.6	116.2	4.7
内蒙古	−5.1	−2.2	25.5	−8.5	32.4	139.2	4.1
辽　宁	−8.3	−2.3	33.9	−11.7	22.2	110.3	5.5
吉　林	−12.6	−3.2	30.2	−12.7	27.1	226.4	4.8
黑龙江	−6.9	−3.1	18.8	−13.7	23.4	106.6	3.0
上　海	−4.5	−1.0	38.8	−5.5	31.8	158.7	7.2
江　苏	−10.9	−2.8	27.4	−8.7	41.7	198.0	8.5
浙　江	−8.0	−0.7	28.4	−5.6	44.1	238.8	10.5
安　徽	−4.3	−0.9	30.1	−5.5	36.5	182.0	4.3
福　建	−5.4	−1.1	28.0	−5.1	43.2	160.7	6.6
江　西	−5.2	−1.2	27.0	−6.0	35.2	190.8	4.3
山　东	−12.5	−2.4	24.6	−8.7	36.6	195.6	6.7

评价主要财务指标表(二星级饭店)

	偿债能力状况				发展能力状况		
应收账款周转率(次)	资产负债率(%)	流动比率(%)	速动比率(%)	长期资产适合率(%)	销售增长率(%)	资本积累率(%)	总资产增长率(%)
6.0	60.7	45.4	40.7	62.9	3.5	-1.5	1.0
8.7	59.0	56.7	52.1	72.0	17.4	12.7	4.9
18.4	69.7	50.6	48.1	51.7	4.0	-9.2	8.9
4.0	55.0	50.6	43.6	78.9	1.6	-3.2	3.0
3.6	59.7	59.4	52.4	65.6	11.8	-1.7	-8.8
2.8	42.1	62.6	54.1	74.1	6.9	0.1	3.6
1.7	60.2	42.6	39.8	58.5	-5.2	-5.7	1.4
3.7	73.1	19.6	15.4	42.3	-1.2	-14.8	-0.1
3.8	47.3	50.2	42.4	68.2	-41.1	2.7	8.2
9.5	58.4	55.4	52.3	68.7	5.2	-18.9	-5.9
7.3	64.8	40.8	36.9	54.5	1.1	0.8	0.9
14.1	65.1	34.6	31.8	50.5	8.2	-0.4	2.8
6.5	46.4	60.5	51.0	75.5	5.6	6.3	2.3
4.4	54.0	69.8	64.7	65.9	1.5	5.4	-1.7
7.8	53.4	44.2	37.2	68.6	0.2	4.7	10.8
5.4	71.1	32.9	28.7	50.1	6.7	-1.2	-0.1

地区	财务效益状况				资产营运状况		
	净资产收益率（%）	总资产报酬率（%）	主营业务利润率（%）	成本费用利润率（%）	总资产周转率（%）	流动资产周转率（%）	存货周转率（次）
河　南	－6.8	－1.7	21.2	－6.6	36.4	128.2	5.8
湖　北	－8.6	－2.7	25.6	－10.6	31.3	207.6	5.7
湖　南	42.9	0.3	31.8	－1.5	50.3	222.4	5.7
广　东	－5.5	－1.3	25.2	－4.5	47.1	180.4	8.6
广　西	－3.7	－0.4	20.6	－4.4	31.9	177.6	5.3
海　南	－282.6	－25.1	50.5	－128.3	17.1	231.2	2.8
重　庆	－7.0	1.3	34.6	－3.1	30.3	259.0	5.5
四　川	－7.6	－1.0	21.7	－7.9	34.1	165.7	6.2
贵　州	－12.3	－3.6	26.5	－13.9	32.3	146.7	4.7
云　南	－9.8	－3.0	20.8	－15.0	25.5	169.3	5.3
西　藏	0.5	0.9	35.2	4.0	19.9	168.4	2.3
陕　西	－2.0	0.7	29.0	－2.4	36.6	161.7	4.0
甘　肃	－1.7	0.6	35.8	－2.2	29.5	136.2	2.0
青　海	－0.6	0.4	45.6	－1.6	19.6	167.4	3.6
宁　夏	－20.9	－3.3	6.2	－12.6	43.5	348.9	4.1
新　疆	－15.7	－4.8	16.9	－16.9	26.6	149.3	4.4

续表

应收账款周转率(次)	偿债能力状况				发展能力状况		
	资产负债率(%)	流动比率(%)	速动比率(%)	长期资产适合率(%)	销售增长率(%)	资本积累率(%)	总资产增长率(%)
4.1	61.8	66.6	60.9	74.7	8.6	-1.3	1.3
4.9	58.8	39.9	34.3	65.8	6.5	-1.5	0.0
6.8	60.5	53.4	45.5	65.5	5.6	78.2	1.8
7.8	57.4	54.2	51.0	54.2	-1.7	-2.5	0.0
5.7	58.9	42.5	37.3	65.0	-2.7	0.2	0.7
8.7	124.3	11.9	10.6	13.7	-4.3	-752.6	-23.4
10.3	78.5	23.9	20.5	54.0	14.6	-8.0	3.2
5.1	61.3	49.5	44.1	73.0	11.5	-0.8	6.8
5.7	61.5	52.1	47.9	61.5	5.0	-10.5	-0.1
8.1	57.4	40.4	35.2	71.5	-0.4	-6.0	0.6
4.7	20.3	79.5	63.8	102.1	13.4	32.1	25.2
4.7	43.5	89.5	73.2	86.0	5.2	10.3	12.6
3.3	55.0	38.5	29.0	57.3	9.4	7.4	7.6
4.1	51.6	25.1	20.6	59.3	30.4	-14.4	12.7
13.6	75.0	20.6	11.6	43.1	-7.7	-4.3	-6.5
3.9	67.3	51.4	44.5	71.1	-3.6	19.3	2.8

2002 年度全国旅游行业经济效益

地　区	财务效益状况				资产营运状况		
	净资产收益率（%）	总资产报酬率（%）	主营业务利润率（%）	成本费用利润率（%）	总资产周转率（%）	流动资产周转率（%）	存货周转率（次）
全　国	-4.8	-1.4	29.5	-7.8	25.8	146.9	3.7
北　京	-0.7	-0.1	48.5	-0.7	19.8	116.1	4.0
天　津	-3.9	-1.4	27.3	-1.8	84.6	346.6	12.1
河　北	0.6	1.7	22.8	4.3	20.1	218.2	2.1
山　西	-1.6	-23.9	43.4	-9.5	240.7	279.5	3.4
内蒙古	0.9	1.6	22.5	1.4	38.4	118.5	3.1
辽　宁	-15.6	-2.6	45.3	-25.8	16.5	95.5	3.4
吉　林	-22.2	-10.3	19.5	-27.9	29.5	97.2	9.9
黑龙江	0.0		22.2	-0.2	10.5	42.7	1.7
上　海	-11.7	-2.2	26.6	-6.9	55.0	263.4	2.8
江　苏	-4.0	-2.9	26.3	-3.2	94.0	277.8	7.1
浙　江	-13.4	-0.7	25.2	-6.9	52.1	259.5	7.6
安　徽	-1.9	0.0	19.0	-1.7	25.6	66.0	1.3
福　建	0.8	3.5	23.1	2.2	111.4	447.3	11.1
江　西	0.3	0.1	15.8	0.2	76.4	231.7	7.5
山　东	-16.2	-4.4	31.4	-12.1	32.9	155.5	6.3

评价主要财务指标表(一星级饭店)

	偿债能力状况				发展能力状况		
应收账款周转率(次)	资产负债率(%)	流动比率(%)	速动比率(%)	长期资产适合率(%)	销售增长率(%)	资本积累率(%)	总资产增长率(%)
5.5	53.8	51.9	45.7	77.8	2.2	2.4	2.2
16.1	55.8	84.7	80.0	217.8	6.6	14.0	15.8
57.9	60.9	53.7	47.1	75.4	19.3	-3.8	-5.3
4.7	41.7	25.1	16.2	69.1	-5.7	0.6	-11.1
13.6	2085.4	3.9	1.3	-11072.7	-29.4	-1.6	-37.0
1.6	50.9	62.5	52.2	69.8	-12.9	-24.2	-20.4
6.7	71.9	55.0	51.3	68.2	-12.5	-14.3	-7.7
1.1	62.4	73.6	70.4	82.6	49.8	-2.7	33.6
1.2	28.7	85.3	79.0	83.4	-4.4	-0.8	-0.1
16.4	55.4	37.5	31.8	49.4	9.5	123.3	21.4
11.0	25.6	140.6	124.5	66.9	16.1	-1.1	-1.2
25.4	65.6	36.4	31.6	51.2	6.9	-12.4	-6.5
2.3	68.6	71.5	51.2	72.0	4.8	-4.0	-8.0
26.4	40.0	114.6	95.8	80.4	12.0	2.5	-2.4
5.6	57.4	53.9	49.9	75.1	-10.6	1.8	0.1
10.1	73.6	46.6	41.7	72.1	-13.8	-8.6	-1.2

地区	财务效益状况				资产营运状况		
	净资产收益率（%）	总资产报酬率（%）	主营业务利润率（%）	成本费用利润率（%）	总资产周转率（%）	流动资产周转率（%）	存货周转率（次）
河　南	－17.2	－0.9	31.6	－9.1	15.2	153.5	2.6
湖　北	－9.2	－4.9	6.2	－11.8	43.3	249.3	6.5
湖　南	－15.2	－6.4	3.6	－9.0	76.8	378.8	8.1
广　东	－8.0	－1.3	29.2	－4.8	38.9	161.0	15.7
广　西	－1.9	－1.1	26.9	－3.2	39.0	403.0	10.4
海　南	－0.8		80.6	－8.6	6.6	171.3	1.4
重　庆	－4.2	－1.0	38.5	－13.8	14.7	73.4	0.7
四　川	－12.6	－3.5	9.3	－11.7	37.6	333.6	6.4
贵　州	0.5	0.9	31.7	1.1	36.7	193.2	4.6
云　南	－6.5	－1.4	19.9	－9.2	27.4	102.1	1.6
西　藏	－8.5	－2.8	31.9	－28.1	18.0	241.6	0.0
陕　西							
甘　肃	－12.4	－2.9	32.3	－17.1	15.1	164.8	11.6
青　海	－3.2	－1.9	32.8	－16.7	9.9	78.4	1.6
宁　夏	－2.5	0.3	24.2	－5.0	24.0	169.4	37.8
新　疆	－5.3	－2.8	30.0	－13.1	19.8	119.9	4.6

续表

	偿债能力状况				发展能力状况		
应收账款周转率(次)	资产负债率(%)	流动比率(%)	速动比率(%)	长期资产适合率(%)	销售增长率(%)	资本积累率(%)	总资产增长率(%)
9.4	92.3	10.8	8.4	9.2	-6.2	-15.8	0.9
4.7	39.0	51.9	44.5	69.4	1.0	6.9	5.7
12.1	56.7	43.1	40.2	53.5	-11.1	-10.4	1.4
5.7	76.5	50.6	49.1	68.4	11.6	-10.7	-1.0
17.3	34.8	32.7	30.7	58.9	-2.6	-14.6	-4.2
6.9	24.7	31.1	26.9	77.0	-2.0	-0.8	1.9
3.7	38.0	66.0	61.8	83.8	-13.1	0.3	0.0
17.7	59.0	37.8	30.4	60.7	-7.1	16.9	-2.1
6.1	28.9	112.9	103.2	82.3	12.0	9.2	0.9
3.1	64.5	45.9	32.3	57.8	-12.8	8.7	3.6
6.0	36.8	46.0	34.3	88.0	-6.0	321.7	96.8
69.2	56.8	177.1	164.9	105.4	735.4	-0.3	6.3
1.0	41.6	30.1	25.9	79.8	-34.5	-1.4	-0.7
	51.5	31.4	31.0	84.7	-4.2	3.5	4.2
2.3	42.0	40.6	36.4	64.0	-9.4	6.4	3.7

2002年度全国旅游行业经济效益

地区	财务效益状况				资产营运状况		
	净资产收益率(%)	总资产报酬率(%)	主营业务利润率(%)	成本费用利润率(%)	总资产周转率(%)	流动资产周转率(%)	存货周转率(次)
全国	-8.1	-1.6	40.1	-10.8	23.1	131.9	3.1
北京	0.4	0.4	59.7	0.8	29.2	209.3	5.1
天津							
河北	-4.1	-0.4	27.2	-5.1	24.1	149.7	5.2
山西	32.0	6.6	29.5	3.8	137.7	294.7	5.5
内蒙古	-2.5	-1.7	32.2	-4.8	35.0	100.0	3.2
辽宁	-245.9	-4.8	33.3	-32.5	15.6	99.7	2.8
吉林	-7.0	-2.1	33.8	-10.8	42.0	114.6	2.6
黑龙江	-10.7	-2.7	24.7	-12.2	22.7	200.4	1.7
上海	12.6	2.6	41.4	6.6	23.1	133.3	1.2
江苏	-3.6	-1.8	36.3	-7.5	31.0	212.7	8.2
浙江	-1.9	0.1	44.3	-2.9	24.3	303.2	5.7
安徽	-11.1	-3.1	49.0	-17.1	22.4	104.4	5.2
福建	-15.2	-3.2	42.3	-23.7	18.5	61.2	4.7
江西	4.3	3.0	41.8	5.4	37.9	87.3	4.6
山东	-9.8	-3.8	28.4	-12.3	33.6	133.4	4.1

评价主要财务指标表(未评星级饭店)

	偿债能力状况				发展能力状况		
应收账款周转率(次)	资产负债率(%)	流动比率(%)	速动比率(%)	长期资产适合率(%)	销售增长率(%)	资本积累率(%)	总资产增长率(%)
5.5	67.0	41.8	37.5	73.6	13.7	-3.0	4.4
32.0	74.4	34.7	32.6	55.4	20.6	11.2	6.9
11.4	63.1	33.3	29.2	84.6	-3.6	-1.1	3.0
5.2	86.1	60.3	48.3	49.5	8.1	0.7	17.7
1.4	33.5	105.7	95.0	84.0	-3.3	-3.8	1.3
3.9	99.0	23.0	21.0	42.5	-0.9	-141.8	13.2
1.8	48.1	72.1	57.4	58.5	-12.8	-4.4	-7.7
7.0	75.4	36.1	28.0	103.5	27.5	-7.2	12.2
3.5	88.8	55.6	46.1	93.7	22.6	6.1	13.3
11.4	35.8	54.9	50.6	82.5	19.0	-6.8	-0.9
23.5	35.8	27.3	23.9	81.1	5.9	-3.6	-3.7
7.5	61.1	82.6	77.6	86.6	2.3	-5.1	-3.0
3.0	61.7	78.7	75.3	89.1	4.6	3.1	-6.9
73.1	65.2	66.6	63.6	59.4	793.0	3.7	45.2
6.6	58.3	61.7	54.8	66.0	2.7	-2.5	2.0

地区	财务效益状况				资产营运状况		
	净资产收益率（%）	总资产报酬率（%）	主营业务利润率（%）	成本费用利润率（%）	总资产周转率（%）	流动资产周转率（%）	存货周转率（次）
河　南	-4.8	-0.4	31.3	-11.1	12.8	57.8	3.7
湖　北	-11.5	-3.8	38.0	-47.5	7.1	48.1	1.8
湖　南	-2.1	-0.3	43.0	-4.4	33.7	261.6	2.1
广　东	-8.7	-2.5	47.4	-11.9	23.8	111.0	4.1
广　西	-15.4	-1.5	44.2	-22.2	17.0	211.6	3.5
海　南	-4.1	-1.8	57.0	-16.7	12.4	130.3	2.1
重　庆	-6.7	-3.1	48.2	-10.0	34.1	172.3	6.4
四　川	-6.2	-2.3	19.7	-15.4	25.2	217.1	6.5
贵　州	-11.5	-2.9	32.5	-12.3	35.3	124.6	1.7
云　南	-21.1	-6.8	44.2	-33.0	17.3	110.1	2.3
西　藏	-4.4	-1.3	20.5	-12.4	14.5	126.7	1.2
陕　西	-1.3	-1.2	6.6	-3.3	37.4	923.9	7.8
甘　肃	3.1	2.3	46.1	3.1	46.9	297.6	5.1
青　海							
宁　夏	-0.1	5.4	36.9	-0.1	30.8	124.5	23.9
新　疆	-7.7	-3.5	16.7	-19.0	19.0	133.2	2.2

续表

	偿债能力状况				发展能力状况		
应收账款周转率(次)	资产负债率(%)	流动比率(%)	速动比率(%)	长期资产适合率(%)	销售增长率(%)	资本积累率(%)	总资产增长率(%)
0.8	66.2	40.4	39.0	49.0	17.8	20.5	8.2
5.0	63.0	40.0	36.5	101.5	-18.0	-11.9	7.9
7.6	26.7	78.4	50.6	85.7	9.4	3.7	0.1
12.0	62.5	46.9	43.8	69.2	20.6	0.6	-1.2
14.1	73.0	11.5	9.7	39.9	12.4	-13.7	-4.0
4.3	48.4	34.5	32.0	144.9	15.1	6.3	8.5
8.2	50.7	47.3	44.1	76.0	63.1	-5.2	5.7
6.2	33.3	67.7	59.4	87.4	-3.2	-3.5	-2.1
2.2	61.9	55.2	46.0	69.9	14.6	1.1	19.2
3.3	67.0	30.2	26.3	58.5	5.9	-24.6	-6.6
6.7	48.2	40.9	34.8	84.0	-2.2	64.1	26.7
73.4	4.8	125.3	77.3	84.2	18.9	-1.3	-3.3
7.0	51.7	32.5	23.5	67.7	24.8	37.5	22.1
1.9	76.1	942.1	925.0	155.2	-2.1	-20.4	-6.3
6.3	45.1	40.6	31.4	81.6	81.3	1.1	4.2

2002 年度全国旅游行业经济效益

地区	财务效益状况				资产营运状况		
	净资产收益率（%）	总资产报酬率（%）	主营业务利润率（%）	成本费用利润率（%）	总资产周转率（%）	流动资产周转率（%）	存货周转率（次）
全国	2.2	3.0	30.9	6.9	29.4	89.7	8.4
北京							
天津							
河北	-2.7	-1.2	33.7	-5.8	23.0	60.2	5.7
山西							
内蒙古							
辽宁	1.8	5.8	35.1	20.2	30.1	152.8	6.2
吉林	3.0	57.2	13.6	4.6	58.8	357.9	41.1
黑龙江	-3.2	0.2	23.5	-4.3	24.3	82.3	1.3
上海	2.9	3.1	34.2	8.7	26.8	74.7	7.0
江苏							
浙江	2.7	3.0	14.3	7.2	41.0	154.8	24.7
安徽	3.2	6.3	62.7	17.5	40.1	133.7	10.2
福建	-0.5	0.1	11.9	0.3	41.3	102.4	10.0
江西	1.2	2.0	52.2	17.0	14.9	141.2	5.1
山东	-2.0	0.3	58.9	-5.2	7.2	78.8	3.8

评价主要财务指标表（旅游集团）

	偿债能力状况				发展能力状况		
应收账款周转率（次）	资产负债率（%）	流动比率（%）	速动比率（%）	长期资产适合率（%）	销售增长率（%）	资本积累率（%）	总资产增长率（%）
6.8	40.8	99.7	94.8	86.2	12.6	9.8	6.3
9.2	56.4	82.9	78.5	116.6	-1.2	-2.7	0.4
1.8	36.6	72.6	71.1	85.0			
7.8	25.4	78.9	76.3	80.8	57.0	-3.0	-3.5
9.8	52.0	66.4	36.8	92.7	13.7	-2.6	-7.6
6.5	37.8	105.4	101.5	77.4	16.8	6.2	4.5
6.8	23.6	107.7	101.2	98.2	0.5	32.0	25.9
13.2	26.0	158.7	149.9	99.8	23.7	2.5	-3.1
14.5	49.2	100.0	92.8	97.4	-3.9	-0.9	5.2
80.9	26.6	55.9	53.5	145.0	22.4	49.5	44.8
3.0	76.9	43.5	39.6	80.7	-11.2	-2.0	-6.2

地区	财务效益状况				资产营运状况		
	净资产收益率(%)	总资产报酬率(%)	主营业务利润率(%)	成本费用利润率(%)	总资产周转率(%)	流动资产周转率(%)	存货周转率(次)
河　南							
湖　北	-0.5	0.0	2.5	-0.4	50.6	341.5	220.0
湖　南	-30.8	-16.8	44.3	-74.0	16.3	155.1	249.0
广　东							
广　西							
海　南							
重　庆	-5.0	-1.5	14.8	-15.0	41.2	194.3	35.2
四　川							
贵　州	0.6	1.4	47.9	3.2	22.6	109.7	0.9
云　南							
西　藏							
陕　西	3.8	3.9	24.7	7.4	39.8	111.6	15.9
甘　肃							
青　海							
宁　夏							
新　疆							

续表

	偿债能力状况				发展能力状况		
应收账款周转率(次)	资产负债率(%)	流动比率(%)	速动比率(%)	长期资产适合率(%)	销售增长率(%)	资本积累率(%)	总资产增长率(%)
15.6	35.7	50.2	50.1	81.9	44.0	5.0	-2.2
1.6	45.3	37.4	37.3	297.8			
23.6	56.5	38.2	37.7	108.7	33.5	-15.4	-8.9
75.8	19.0	242.0	217.1	147.9	-8.4	-3.8	-12.7
5.1	50.7	97.5	92.9	104.4	14.0	44.9	27.0

2002年度全国旅游行业经济效益

地区	财务效益状况				资产营运状况		
	净资产收益率（%）	总资产报酬率（%）	主营业务利润率（%）	成本费用利润率（%）	总资产周转率（%）	流动资产周转率（%）	存货周转率（次）
全　国	3.5	3.4	51.0	13.1	22.1	113.4	5.1
北　京	-8.7	-3.2	70.6	-19.4	17.1	132.5	1.7
天　津	-7.8	-1.4	55.4	-70.4	0.3	3.2	0.2
河　北	0.1	1.3	32.2	3.2	14.5	98.1	1.2
山　西	-3.2	0.2	43.4	-1.3	27.9	137.2	5.1
内蒙古	5.1	5.1	41.6	17.3	27.4	121.7	3.1
辽　宁	-12.1	-3.1	50.9	-17.5	16.8	36.8	3.3
吉　林	-2.8	-0.7	46.7	-11.0	11.2	112.3	3.0
黑龙江	-3.3	-1.9	27.8	-13.6	3.6	95.6	1.6
上　海	12.8	5.9	49.7	28.4	21.4	160.6	12.3
江　苏	4.1	3.7	27.9	11.3	32.8	142.7	20.1
浙　江	3.2	5.2	47.8	20.2	24.8	107.4	13.6
安　徽	-1.2	0.8	50.8	0.4	49.0	229.2	11.3
福　建	13.1	11.3	64.5	40.4	38.3	99.7	9.0
江　西	5.3	4.2	73.0	38.6	15.1	76.2	5.1
山　东	5.5	4.8	47.3	22.5	23.9	104.5	8.0

评价主要财务指标表(旅游区点)

	偿债能力状况				发展能力状况		
应收账款周转率(次)	资产负债率(%)	流动比率(%)	速动比率(%)	长期资产适合率(%)	销售增长率(%)	资本积累率(%)	总资产增长率(%)
5.0	46.6	62.8	58.5	95.7	14.6	12.0	13.6
49.7	52.7	27.6	26.1	53.8	19.2	-2.4	1.4
4.1	61.6	20.4	20.0	159.0	-75.8	-7.5	-0.3
1.8	55.4	66.7	63.0	91.7	10.8	30.4	24.8
2.1	51.8	46.4	45.5	143.3	47.5	11.8	72.2
2.7	26.4	99.1	84.6	98.3	25.5	26.2	29.7
3.5	46.5	73.4	72.4	91.4	4.8	125.5	32.4
1.9	42.8	35.9	32.6	78.2	13.2	-2.1	-0.2
1.8	6.4	72.6	63.7	98.0	2.5	2.7	0.8
4.9	67.2	35.4	34.0	67.8	2.6	10.8	1.8
3.7	41.4	76.1	72.6	98.1	17.4	11.0	17.1
15.7	51.1	58.8	58.0	132.7	12.1	24.6	40.5
10.7	51.1	60.8	56.7	91.5	35.8	8.2	37.2
8.1	41.6	136.6	135.7	145.9	10.6	12.2	5.0
1.1	32.0	136.1	135.7	135.9	31.9	6.5	23.8
3.3	40.2	80.3	77.6	108.1	28.4	29.9	37.1

地区	财务效益状况				资产营运状况		
	净资产收益率（%）	总资产报酬率（%）	主营业务利润率（%）	成本费用利润率（%）	总资产周转率（%）	流动资产周转率（%）	存货周转率（次）
河　南	11.9	8.3	48.2	27.8	27.2	141.0	1.1
湖　北	0.1	0.4	32.3	2.7	15.0	71.9	1.1
湖　南	-0.1	1.4	47.8	2.3	16.0	88.3	4.6
广　东	5.2	3.5	50.6	13.3	26.4	112.7	2.8
广　西	5.0	5.6	70.1	14.8	39.6	215.0	16.4
海　南	-0.1	0.9	80.3	3.4	10.2	145.3	3.0
重　庆	16.3	8.8	59.2	49.8	26.2	132.0	4.2
四　川	6.5	5.3	49.2	23.4	27.4	137.8	12.8
贵　州	0.1	0.2	34.8	2.6	7.4	40.9	20.2
云　南	8.7	7.6	62.2	30.0	24.9	120.3	3.6
西　藏							
陕　西	11.1	10.7	50.3	37.9	38.2	108.8	31.8
甘　肃	-2.4	0.5	51.8	-14.3	25.4	141.2	0.7
青　海							
宁　夏	20.2	12.6	63.7	41.9	38.8	219.3	3.2
新　疆	35.6	19.4	49.2	58.4	50.6	215.5	10.0

续表

	偿债能力状况				发展能力状况		
应收账款周转率(次)	资产负债率(%)	流动比率(%)	速动比率(%)	长期资产适合率(%)	销售增长率(%)	资本积累率(%)	总资产增长率(%)
4.5	47.7	56.2	48.3	102.0	29.0	14.2	22.5
2.3	25.2	91.4	84.5	107.3	17.4	10.9	14.8
3.6	45.2	71.3	69.2	116.6	6.9	1.5	7.0
7.0	62.6	61.4	49.6	74.5	10.6	3.9	5.7
10.8	43.0	121.8	117.8	137.9	1.2	8.5	22.2
15.5	30.8	28.0	25.6	196.8	-2.9	-6.3	-3.1
27.3	49.8	55.3	53.5	126.0	10.7	41.1	20.1
6.6	41.9	89.3	86.4	115.3	23.1	12.9	25.9
3.2	17.4	257.5	254.7	104.1	13.8	0.0	-4.3
3.2	57.7	76.9	74.3	104.6	15.4	16.9	15.2
16.5	26.6	248.7	245.7	205.0	20.8	13.9	19.1
2.4	52.6	46.2	44.7	113.5	51.3	20.9	22.2
18.6	39.5	79.6	69.9	122.7	17.8	39.3	20.9
4.1	50.5	78.4	72.5	113.3	29.2	-4.9	21.3

2002 年度全国旅游行业经济效益

地　区	财务效益状况				资产营运状况		
	净资产收益率（%）	总资产报酬率（%）	主营业务利润率（%）	成本费用利润率（%）	总资产周转率（%）	流动资产周转率（%）	存货周转率（次）
全　国	1.0	1.9	53.3	6.6	19.8	108.7	3.6
北　京	-15.3	-5.5	85.1	-31.3	14.4	317.6	0.5
天　津	-4.1	-1.0	-571.6	-63.8		0.1	
河　北	6.3	2.5	44.1	18.6	11.9	106.6	1.1
山　西	-5.7	-1.7	38.4	-11.5	21.9	122.2	5.1
内蒙古	5.4	5.2	43.4	18.5	29.2	121.0	3.1
辽　宁	-19.0	-4.8	53.8	-37.0	13.1	58.2	2.3
吉　林	0.3	2.1	67.4	9.2	16.5	99.3	1.3
黑龙江	-0.9	-0.2	36.2	-4.0	1.7	80.5	1.2
上　海	-21.6	-5.2	54.6	-34.3	10.4	164.3	2.7
江　苏	-4.1	-1.2	5.3	-3.8	43.7	121.9	28.1
浙　江	-3.6	1.2	40.2	1.0	21.7	128.8	7.9
安　徽	0.8	1.9	57.3	2.4	51.6	233.6	8.7
福　建	16.1	13.7	63.7	45.1	44.3	109.9	11.2
江　西	5.3	4.2	73.5	38.6	15.1	75.8	5.1
山　东	3.9	3.0	35.0	13.8	24.5	135.2	8.7

评价主要财务指标表(自然类旅游区点)

	偿债能力状况				发展能力状况		
应收账款周转率(次)	资产负债率(%)	流动比率(%)	速动比率(%)	长期资产适合率(%)	销售增长率(%)	资本积累率(%)	总资产增长率(%)
3.9	43.1	71.4	64.8	108.5	18.7	9.4	15.3
39.0	60.9	8.3	6.8	42.9	25.7	-5.4	1.0
-0.9	51.7	29.7	29.3	270.5	-98.3	-4.0	0.4
3.8	74.9	68.6	61.6	105.8	13.1	8.9	16.0
7.0	63.6	22.0	21.0	119.8	95.1	-1.0	6.1
2.6	27.9	97.0	82.5	97.6	26.8	26.8	33.8
1.2	57.7	44.4	43.1	92.7	2.5	0.7	46.2
1.5	45.4	41.4	36.7	75.5	11.3	3.4	2.8
1.6	3.6	94.4	74.9	98.9	21.9	4.1	1.2
8.1	74.3	71.2	63.6	86.9	21.0	2.3	-5.9
1.9	55.6	98.4	93.3	121.4	10.3	13.7	27.7
9.9	46.8	47.2	46.2	151.0	16.0	6.7	31.4
12.7	41.6	101.3	94.0	120.6	28.6	10.8	16.9
11.5	40.2	160.7	159.9	163.9	11.4	15.4	4.9
1.1	32.2	136.2	135.8	136.4	31.4	6.6	24.0
3.6	34.2	63.3	59.8	104.7	16.4	38.5	39.3

地区	财务效益状况				资产营运状况		
	净资产收益率（%）	总资产报酬率（%）	主营业务利润率（%）	成本费用利润率（%）	总资产周转率（%）	流动资产周转率（%）	存货周转率（次）
河　南	4.3	5.5	46.2	15.5	30.0	190.0	8.6
湖　北	0.4	0.7	31.7	5.5	15.0	70.4	1.1
湖　南	1.4	2.0	65.1	10.6	16.4	65.8	2.7
广　东	-2.9	-1.0	45.4	-6.7	17.2	48.8	0.8
广　西	7.7	7.2	77.8	19.4	40.8	197.4	13.1
海　南	2.5	3.2	85.6	34.8	10.6	130.5	2.2
重　庆	24.5	13.5	72.8	72.6	31.6	171.4	3.3
四　川	6.7	5.6	48.4	25.1	25.6	136.0	13.0
贵　州	0.1	0.2	34.4	2.7	7.3	40.5	20.3
云　南	6.4	7.1	70.5	26.8	24.7	100.7	4.3
西　藏							
陕　西	-1.2	1.3	66.1	-3.3	30.2	134.2	13.5
甘　肃	-2.1	1.6	38.7	-18.5	34.5	192.7	1.0
青　海							
宁　夏	25.3	17.6	65.5	62.2	43.3	206.7	2.8
新　疆	43.0	22.1	50.9	67.1	53.5	229.3	12.9

续表

	偿债能力状况				发展能力状况		
应收账款周转率(次)	资产负债率(%)	流动比率(%)	速动比率(%)	长期资产适合率(%)	销售增长率(%)	资本积累率(%)	总资产增长率(%)
4.7	40.3	59.1	57.4	89.1	43.7	24.8	26.3
2.8	25.7	91.6	84.2	108.3	17.9	2.7	8.9
2.8	47.5	121.6	118.2	155.0	21.6	0.5	12.0
2.5	57.4	102.1	75.6	88.6	32.1	-0.5	11.4
10.2	48.8	122.8	118.8	154.9	3.5	12.6	28.9
14.5	14.7	94.3	86.3	296.7	-6.5	-3.3	-3.4
25.7	44.7	73.8	71.0	127.3	-5.2	41.4	16.9
9.4	41.1	87.4	84.6	117.3	26.5	14.3	28.5
3.1	17.4	259.3	256.6	104.2	13.8	0.0	-4.3
3.0	66.0	101.0	98.6	122.9	26.8	18.8	20.0
1.4	38.9	67.9	63.6	95.6	21.9	8.1	11.7
3.6	43.4	54.2	53.7	137.0	83.4	29.3	48.1
22.2	30.0	193.0	169.2	119.1	16.2	44.8	20.5
4.4	55.7	74.8	70.8	108.3	29.2	-4.9	21.3

2002年度全国旅游行业经济效益

地 区	财务效益状况				资产营运状况		
	净资产收益率（%）	总资产报酬率（%）	主营业务利润率（%）	成本费用利润率（%）	总资产周转率（%）	流动资产周转率（%）	存货周转率（次）
全 国	9.5	8.3	48.3	29.1	28.9	75.3	6.9
北 京	0.2	0.2	25.8	28.0	4.1	96.6	2.2
天 津							
河 北	-1.7	0.2	0.3	-4.5	25.8	61.0	2.3
山 西	-2.4	1.4	45.1	1.6	32.8	140.8	2.0
内蒙古	-14.2	-6.5	-9.2	-8.5	10.3	144.0	
辽 宁	-16.3	-8.5	-23.8	-20.7	4.1	4.5	6.2
吉 林							
黑龙江	-0.4	-0.3	17.3	-4.0	7.8	272.1	0.8
上 海	2.9	2.0	4.5	4.7	44.0	100.2	1620.5
江 苏	4.6	4.3	24.2	11.8	31.9	103.1	2.5
浙 江	12.2	8.9	53.6	40.4	30.2	299.7	0.2
安 徽	40.9	38.6	40.2	60.0	109.5	136.9	17.2
福 建	-2.5	-0.3	75.9	-12.3	8.6	27.4	0.4
江 西			23.1		14.2	204.2	
山 东	41.9	17.0	89.3	104.0	29.5	50.4	3.8

评价主要财务指标表(文物类旅游区点)

	偿债能力状况				发展能力状况		
应收账款周转率(次)	资产负债率(%)	流动比率(%)	速动比率(%)	长期资产适合率(%)	销售增长率(%)	资本积累率(%)	总资产增长率(%)
4.2	38.4	128.7	126.2	130.2	28.7	19.4	21.9
5.6	8.5	68.0	64.5	102.8	7.7	4.9	6.7
0.8	58.3	85.1	84.3	101.5	2.5	4.2	16.5
1.5	45.1	81.3	80.5	166.0	37.7	22.8	150.3
4.9	8.0	838.1	838.1	105.1	3.2	-13.3	-0.2
8.4	34.9	212.9	212.9	85.1	-27.9	6.5	-34.7
6.1	3.6	110.0	96.9	96.4	14.8	0.8	1.9
	25.0	151.8	151.7	120.9		2.5	-16.3
9.8	30.4	115.2	110.7	124.1	25.6	14.0	31.4
107.1	53.1	18.7	18.6	128.9	19.1	140.4	112.2
2.4	29.9	329.6	315.4	388.4	28.7	59.9	21.6
1.2	49.2	82.0	80.6	90.3	4.6	0.9	7.6
13.3	6.4	104.9	104.9	100.3	81.8	-18.9	-0.6
2.3	78.7	145.3	145.0	137.6	137.4	-0.8	56.0

地区	财务效益状况				资产营运状况		
	净资产收益率(%)	总资产报酬率(%)	主营业务利润率(%)	成本费用利润率(%)	总资产周转率(%)	流动资产周转率(%)	存货周转率(次)
河　南	35.2	26.9	52.7	80.2	51.2	201.1	0.3
湖　北	-1.0	-0.6	72.9	-3.1	10.9	81.1	0.5
湖　南	4.8	3.1	57.3	15.2	22.1	152.4	
广　东	0.1	0.6	61.8	0.7	21.6	147.8	7.7
广　西	-1.0	-0.1	96.3	-2.2	4.9	7.7	
海　南							
重　庆	3.7	5.0	26.4	16.7	30.3	208.9	1.6
四　川	0.3	0.3	64.2	0.3	237.6	1025.3	9.4
贵　州							
云　南	16.7	9.1	18.9	-7.9	42.8	193.1	
西　藏							
陕　西	12.0	11.6	49.9	40.1	39.1	107.4	32.3
甘　肃	0.3	0.1	99.7	7.5	43.6	122.6	
青　海							
宁　夏	21.6	21.5	16.0	12.8	126.5	820.6	42.5
新　疆	22.2	13.6	100.0	45.1	43.9	97.2	

续表

	偿债能力状况				发展能力状况		
应收账款周转率(次)	资产负债率(%)	流动比率(%)	速动比率(%)	长期资产适合率(%)	销售增长率(%)	资本积累率(%)	总资产增长率(%)
4.7	29.1	195.6	142.1	112.7	10.3	5.4	9.2
2.7	17.8	90.5	86.7	97.0	23.0	115.6	83.6
5.3	31.3	60.6	60.6	143.8	-16.6	49.2	52.3
2.2	15.2	132.0	129.6	96.3	1.1	0.4	3.7
	86.0	74.4	74.4	189.9	0.6	-0.7	3.0
165.3	43.6	43.1	41.3	100.5	101.2	94.2	82.1
39.0	43.7	88.3	71.4	144.7	7.6	-16.2	2.8
28.3	45.0	92.5	92.1	138.9	60.2	46.2	14.7
22.3	25.8	288.9	286.3	225.3	20.7	14.3	19.8
1.2	61.0	77.6	77.6	100.0	11.6	-3.7	-0.7
215.6	0.8	2355.2	2346.9	118.3	17.8	58.0	31.8
1.8	38.4	117.8	65.3	112.5			

2002年度全国旅游行业经济效益

地　区	财务效益状况				资产营运状况		
	净资产收益率（%）	总资产报酬率（%）	主营业务利润率（%）	成本费用利润率（%）	总资产周转率（%）	流动资产周转率（%）	存货周转率（次）
全　国	6.4	4.8	48.6	18.8	24.3	146.8	10.0
北　京	0.3	1.7	50.7	5.1	24.1	73.5	4.5
天　津	-24.9	-6.3	86.3	-82.8	3.2	210.1	0.8
河　北	-1.5	0.5	41.1	-3.2	13.4	137.3	1.0
山　西	4.3	2.6	37.9	37.5	10.1	383.8	159.7
内蒙古							
辽　宁	-4.9	-0.2	55.6	-1.3	32.5	84.3	4.5
吉　林	-5.0	-3.0	7.7	-31.8	6.9	149.3	1122.8
黑龙江	-9.7	-4.9	23.1	-20.6	21.1	103.9	5.9
上　海	19.7	8.9	49.9	43.5	24.0	161.8	17.5
江　苏	7.7	6.8	54.9	34.9	25.8	221.1	16.2
浙　江	18.1	12.6	57.6	53.4	28.9	61.9	38.4
安　徽	-63.7	-11.7	-31.4	-34.6	22.8	320.5	166.3
福　建	-3.5	0.1	92.0	-6.7	23.4	143.7	
江　西							
山　东	0.1	0.7	62.8	0.7	14.1	202.7	3.3

评价主要财务指标表(主题类旅游区点)

	偿债能力状况				发展能力状况		
应收账款周转率(次)	资产负债率(%)	流动比率(%)	速动比率(%)	长期资产适合率(%)	销售增长率(%)	资本积累率(%)	总资产增长率(%)
10.1	55.6	38.1	36.4	71.3	5.3	14.8	9.1
120.0	36.3	110.9	108.9	78.3	11.4	1.5	2.1
3.2	168.3	0.7	0.5	-46.0	-30.9	-28.5	-7.6
9.8	37.9	52.4	49.2	80.8	14.5	43.8	35.5
6.7	56.5	5.0	4.9	46.5	21.8	-0.1	-0.9
83.4	33.4	63.4	62.4	90.8	12.8	652.0	156.5
3.3	40.5	25.7	25.1	80.1	16.6	-4.8	-2.2
2.1	36.7	56.6	55.1	86.5	-9.2	1.0	0.0
4.5	65.7	32.8	31.7	62.5	0.1	12.9	4.1
29.2	35.0	38.3	36.9	81.8	22.7	8.7	6.6
23.5	61.2	150.9	149.9	103.5	0.1	19.5	26.0
16.7	91.4	5.7	5.7	14.0	88.6	-50.4	386.3
1.5	41.0	27.6	27.6	69.7	-17.0	-27.2	-9.2
29.3	26.5	32.6	29.6	105.2	11.9	3.5	6.3

地区	财务效益状况				资产营运状况		
	净资产收益率（%）	总资产报酬率（%）	主营业务利润率（%）	成本费用利润率（%）	总资产周转率（%）	流动资产周转率（%）	存货周转率（次）
河　南	1.6	1.9	43.8	11.8	11.4	60.0	0.9
湖　北	-3.0	-2.2	14.1	-10.5	20.6	82.1	1.1
湖　南	-5.2	0.0	13.7	-11.5	14.3	179.7	8.4
广　东	11.8	6.9	52.1	24.3	33.5	217.1	16.1
广　西	-3.5	-3.3	18.0	-9.2	33.6	650.8	42.3
海　南	-711.1	-7.8	54.3	-51.7	8.5	323.2	9.0
重　庆	-7.3	-0.2	20.7	-18.4	8.3	29.4	10.3
四　川	4.0	2.0	33.7	15.6	17.6	57.6	12.4
贵　州	-10.7	-4.9	66.4	-2.6	196.9	1743.4	13.0
云　南	11.5	8.5	46.2	39.1	23.6	229.4	1.9
西　藏							
陕　西	-12.2	-11.6	-21.1	-73.3	9.5	323.6	
甘　肃	-3.6	-0.5	31.0	-15.1	7.0	58.9	0.6
青　海							
宁　夏	-3.4	-0.2	76.8	-5.4	21.2	211.2	829.6
新　疆	-10.8	-8.5	-2.9	-25.5	20.9	89.6	4.8

续表

	偿债能力状况				发展能力状况		
应收账款周转率(次)	资产负债率(%)	流动比率(%)	速动比率(%)	长期资产适合率(%)	销售增长率(%)	资本积累率(%)	总资产增长率(%)
3.8	68.2	39.7	32.8	127.7	25.9	5.1	24.1
0.6	28.1	89.6	85.2	114.4	7.2	49.7	33.4
36.9	44.4	18.7	17.7	68.0	-10.4	-3.9	-5.0
20.6	69.8	30.7	29.2	66.8	4.8	7.6	1.8
21.2	3.4	112.9	106.6	84.2	-12.4	-3.7	-8.9
44.3	105.8	2.3	2.0	10.5	12.6	-277.2	-2.3
403.9	73.2	42.4	41.6	320.4	27.5	-6.8	-5.4
0.9	51.7	107.4	105.2	91.6	5.9	0.6	4.3
31.5	53.7	21.0	12.7	52.1			
7.6	34.9	19.9	16.5	69.9	-10.1	12.5	3.9
	5.2	56.4	56.4	125.1			
6.5	63.8	26.8	23.9	86.7	12.6	15.4	4.5
4.1	66.9	20.4	17.6	142.9	27.0	17.3	21.7
1.9	20.6	113.5	91.5	142.7			

2002 年度全国旅游行业经济效益

地区	财务效益状况				资产营运状况		
	净资产收益率（%）	总资产报酬率（%）	主营业务利润率（%）	成本费用利润率（%）	总资产周转率（%）	流动资产周转率（%）	存货周转率（次）
全　国	-0.2	1.6	27.5	1.8	35.8	132.2	5.9
北　京	3.7	2.8	65.4	12.1	23.0	72.4	2.2
天　津							
河　北	-7.4	1.3	17.5	-1.6	73.5	284.3	14.2
山　西	-3.7	-1.2	16.6	-5.9	24.4	106.8	5.8
内蒙古							
辽　宁	-12.9	-3.3	30.2	-18.2	46.7	384.6	11.1
吉　林	-3.3	0.3	49.2	-12.6	6.5	14.2	4.1
黑龙江	-12.1	-5.9	16.8	-19.7	23.4	123.5	6.4
上　海	4.7	4.8	25.0	9.1	52.0	321.4	12.6
江　苏	-11.6	-1.5	5.4	-3.2	110.5	331.0	13.1
浙　江	-0.1	2.4	21.8	1.8	31.2	79.9	2.2
安　徽	-0.7	1.3	16.6	0.3	46.1	194.3	6.3
福　建	-1.8	0.1	0.7	-0.8	102.3	239.1	35.1
江　西	-9.4	-1.4	16.8	-14.4	14.3	31.9	0.8
山　东	-0.5	0.7	25.1	-0.8	40.6	107.1	4.2

评价主要财务指标表（其他旅游企业）

	偿债能力状况				发展能力状况		
应收账款周转率（次）	资产负债率（%）	流动比率（%）	速动比率（%）	长期资产适合率（%）	销售增长率（%）	资本积累率（%）	总资产增长率（%）
7.7	51.2	70.1	60.8	80.7	−1.5	3.2	1.5
6.6	33.5	311.8	279.5	192.9	27.8	−0.1	2.5
22.8	73.2	45.3	37.7	49.9	−6.9	−29.4	−6.2
7.6	54.6	55.2	51.1	69.6	15.9	1.4	13.1
20.1	53.1	16.5	13.2	59.5	−22.5	151.8	257.8
0.2	61.4	134.7	133.6	405.4	7.2	109.6	−10.2
4.8	54.6	76.4	66.0	60.3	−35.6	−11.2	4.4
32.5	38.7	45.4	39.0	53.7	−2.5	2.2	−1.3
21.4	68.3	71.3	57.2	49.2	11.0	−1.4	6.7
4.2	64.3	114.9	84.0	81.9	−27.8	−2.4	0.3
5.9	42.4	91.8	72.5	90.0	6.9	−1.2	6.6
6.7	55.7	82.5	76.8	99.9	−28.6	−10.4	−1.1
2.3	74.3	81.8	77.9	63.1	−32.0	4.8	−3.9
8.4	49.8	87.7	80.3	94.1	16.7	3.0	4.2

地区	财务效益状况				资产营运状况		
	净资产收益率（%）	总资产报酬率（%）	主营业务利润率（%）	成本费用利润率（%）	总资产周转率（%）	流动资产周转率（%）	存货周转率（次）
河　南	0.4	2.7	17.4	1.2	16.0	74.7	2.2
湖　北	-17.4	-4.3	13.8	-11.7	41.2	175.0	5.6
湖　南	37.9	38.0	63.9	125.0	71.5	363.9	20.9
广　东	-2.7	1.8	67.2	-3.0	18.3	133.1	0.8
广　西	5.1	4.0	21.7	15.2	24.2	65.5	1.5
海　南	14.5	3.5	58.1	40.0	8.7	10.1	89.5
重　庆	-3.9	-0.2	29.8	-6.8	23.5	55.2	8.4
四　川	3.0	3.9	46.4	11.8	24.4	131.2	7.5
贵　州	-6.7	1.1	13.4	1.1	51.8	114.4	2.6
云　南	-169.3	-14.1	44.4	-45.2	18.8	68.5	1.0
西　藏	-1.9	-1.1	29.9	-16.8	5.4	37.8	0.3
陕　西							
甘　肃	-4.1	-1.3	14.9	-4.0	40.6	78.0	1.8
青　海							
宁　夏	-10.7	-9.0	-15.3	-31.2	13.7	36.9	1.8
新　疆	-2.5	-1.2	25.7	-8.5	21.9	98.6	7.2

续表

	偿债能力状况				发展能力状况		
应收账款周转率（次）	资产负债率（%）	流动比率（%）	速动比率（%）	长期资产适合率（%）	销售增长率（%）	资本积累率（%）	总资产增长率（%）
4.3	56.9	50.5	41.6	72.7	5.8	-4.4	-2.1
9.2	54.0	64.1	55.2	61.5	26.8	63.8	32.6
9.2	31.5	116.1	110.3	74.5	6.1	4.7	6.6
8.3	70.5	17.2	11.6	46.3	30.3	3.8	-4.5
4.1	39.2	130.5	87.2	110.6	21.0	3.0	13.2
	85.3	186.8	186.8	285.0	1.0	15.4	2.8
5.3	50.8	102.0	98.3	77.4	-5.2	-3.5	-1.3
10.0	50.4	50.5	48.8	72.2	-66.8	-31.7	-29.8
8.6	69.3	96.3	73.0	87.9	8.3	-12.7	-4.5
17.1	116.3	42.2	39.1	46.1	7.8	-1072.2	-9.3
0.7	37.9	62.6	47.1	161.4	-17.3	2.2	0.1
1.5	52.5	115.8	81.7	70.4	9.8	42.9	4.9
1.8	17.1	218.5	166.2	68.8	-9.2	-11.6	-9.8
2.7	22.1	140.6	130.2	121.4	51.1	-2.9	5.7

责任编辑：许晓海　王　军

责任印制：李崇宝

图书在版编目(CIP)数据

2003 中国旅游财务信息年鉴 /中华人民共和国国家旅游局编．—北京：中国旅游出版社，2003.12

ISBN 7-5032-2284-0

Ⅰ.2…　Ⅱ.国…　Ⅲ.旅游业—财务管理—中国—2003—年鉴　Ⅳ.F592.6-54

中国版本图书馆 CIP 数据核字(2003)第 123428 号

书　　名：2003 中国旅游财务信息年鉴

编　　者：中华人民共和国国家旅游局
出版发行：中国旅游出版社
（北京建国门内大街甲九号　邮编：100005）
印　　刷：河北省三河市文化局灵山红旗印刷厂
版　　次：2003 年 12 月第 1 版
2003 年 12 月第 1 次印刷
开　　本：787 毫米×1092 毫米　1/16
印　　张：6.25
字　　数：90 千
印　　数：20000 册
定　　价：40.00 元